Informing young people about Europe PROJECTS 1994-97

Youth information projects co-financed by Unit A/5 'Information for trade unions, women and young people' of Directorate-General X of the European Commission from 1994 to 1997.

Informer les jeunes sur l'Europe PROJETS 1994-97

Projets d'information des jeunes cofinancés par l'unité A/5 «Information des milieux syndicaux, du public féminin et du public jeune» de la direction générale X de la Commission européenne de 1994 à 1997.

Preface by Mr Marcelino Oreja

Member of the European Commission

The European Union today consists of approximately 115 million young people under the age of 25 and a further 60 million aged between 15 and 25.

These young people represent the future of the Union and it is their enthusiasm, skills and vitality which will help the Union to enter the next millennium successfully. In a few years time they will continue the adventure of European integration started half a century ago by their grandparents.

Consequently, young people have been a priority of the Commission's actions, as is illustrated by the numerous European programmes designed specifically for them.

The success of these programmes confirms the extent to which this priority corresponds to a real need. Take, for example, the following figures. In 1997 approximately 170 000 students took advantage of the Socrates programme. On an annual basis about 80 000 young people participate in the Lingua programme and a further 25 000 in the Leonardo da Vinci programme. Since it started, Tempus has allowed about 27 000 students from central and eastern Europe to gain a better understanding of the European Union and the Youth for Europe III programme involves about 70 000 young people a year. In its pilot phase, the European Voluntary Service has already allowed hundreds of young people to become involved with activities of general social interest. This service, becoming fully operational this year, has stirred up a great deal of interest amongst young people.

However, young people are not only interested in the European programmes which are designed specifically for them. A *EUROBAROMETER* survey, from spring 1997, which focused on young people aged between 15 and 25, shows that they are also interested in their rights and responsibilities as European citizens. Asked about the information sources they find the most useful in this context, young people within the Union cite television (62 %), followed by schools and universities (48 %) and then newspapers (47 %). Other useful information sources are the radio (22 %) and youth organisations (10 %).

The survey also reveals what young people expect from the European Union and these expectations clearly reflect the current preoccupations of this age group. Young people

throughout the Union think that, over the next five years, the European Union should give priority to employment (75 %), protecting the environment (60 %) as well as research and development in new information technologies (54 %). Education and training (45 %) are next on the list of priorities, followed by the freedom to study, live and work within the European Union (44 %).

Our information policy towards young people is therefore determined by the interest they show in European integration and their expectations concerning the future.

Since 1992, the European Commission has been encouraging initiatives, through the *Information Action Plan aimed at Young People*, which aim at informing young people about the functioning of the European Union, its history, priorities and political challenges, as well as its achievements for young people.

The present publication *Informing young people about Europe*, produced by the *Youth Information* sector within Directorate-General X 'Information, Communication, Culture and Audiovisual Media', shows the efforts undertaken by the Commission to meet young people's demands for information. It presents the initiatives supported by the Commission through the *Information Action Plan aimed at Young People* from 1994 to 1997, as well as a certain number of projects carried out or co-financed by this sector independently of the *Information Action Plan*.

In 1998, the Commission will continue its information activities targeted at young people, taking into account their wishes and expectations.

Marcelino Oreja
Member of the European Commission

Préface de M. Marcelino Oreja

Membre de la Commission européenne

L'Union européenne compte aujourd'hui environ 115 millions de jeunes de moins de 25 ans et quelque 60 millions de 15 à 25 ans. Ces jeunes représentent l'avenir de l'Union, car c'est leur enthousiasme, leurs ressources et leur vitalité qui aideront l'Union à entrer avec succès dans le deuxième millénaire. D'ici à quelques années, ils continueront la grande aventure de la construction européenne commencée il y a un demi-siècle par la génération de leurs grands-parents.

Par conséquent, la Commission a depuis longtemps fait des jeunes une priorité de son action, comme le prouvent les nombreux programmes communautaires qui leur sont destinés.

Le succès de ces programmes auprès des jeunes confirme d'ailleurs à quel point cette priorité correspond à un véritable besoin. Je donne quelques exemples: 170 000 étudiant(e)s ont profité, en 1997, du programme Socrates, 80 000 participent annuellement à Lingua et 25 000 bénéficient tous les ans du programme Leonardo da Vinci. Tempus a permis, depuis son début, à 27 000 étudiant(e)s des pays de l'Europe centrale et orientale de mieux connaître l'Union européenne, le programme «Jeunesse pour l'Europe III» accueille plus de 70 000 jeunes par an et le «Service volontaire européen pour les jeunes» a permis, dans sa phase pilote, à plusieurs centaines de jeunes de s'engager dans des activités d'intérêt général et social. Ce service, qui sera pleinement opérationnel cette année, suscite un grand intérêt de la part des jeunes.

Par ailleurs, les jeunes ne s'intéressent pas uniquement aux programmes communautaires qui leur sont destinés. Comme le montre le sondage *Eurobaromètre* du printemps 1997 consacré aux jeunes européens de 15 à 25 ans, ils s'informent également de façon plus générale sur leurs droits et responsabilités de citoyen dans l'Europe d'aujourd'hui. Interrogés sur les sources d'information qu'ils jugent les plus utiles dans ce contexte, les jeunes au sein de l'Union se prononcent surtout pour la télévision (62 %), pour l'école et l'université (48 %) ainsi que pour les journaux (47 %). D'autres sources d'information jugées utiles sont la radio (22 %) et les mouvements de jeunesse (10 %).

Le sondage révèle également les attentes de la jeunesse face à l'Union européenne, reflétant clairement les préoccupations actuelles de la génération des 15 à 25 ans.

Ainsi, les jeunes, à travers l'Union, pensent majoritairement qu'elle devrait, au cours des cinq années à venir, accorder la priorité à l'emploi (75 %), à la protection de l'environnement (60 %) ainsi qu'à la recherche et au développement dans de nouvelles technologies d'information (54 %). L'éducation et la formation (45 %) arrivent ensuite, puis vient la liberté d'aller étudier, vivre et travailler n'importe où dans l'Union européenne (44 %).

En conséquence, notre politique d'information envers la jeunesse est clairement déterminée par l'intérêt que portent les jeunes à la construction européenne et par leurs aspirations face à l'avenir.

Depuis 1992, la Commission européenne s'est engagée, à travers un *Plan d'Actions d'Information des Jeunes*, à encourager des initiatives qui visent à informer les jeunes sur le fonctionnement de l'Union européenne, son histoire, ses priorités et défis politiques ainsi que sur les réalisations entreprises au niveau européen en faveur des jeunes.

La présente publication *Informer les jeunes sur l'Europe*, réalisée par le secteur «Information du public jeunes» de la direction générale X («Information, communication, culture, audiovisuel»), témoigne de cet engagement de la Commission envers les jeunes en matière d'information. Elle présente les initiatives que la Commission a soutenues à travers le *Plan d'Actions d'Information destiné aux Jeunes* de 1994 à 1997. Y figurent également un certain nombre d'actions réalisées ou cofinancées par ce service indépendamment du Plan d'Actions.

En 1998, la Commission va continuer ses activités d'information et de sensibilisation des jeunes, et rester à l'écoute de leurs souhaits et de leurs besoins.

Marcelino Oreja
Membre de la Commission européenne

Interview with Mr Spyros A. Pappas

Director-General of Directorate-General X
Information, Communication, Culture and Audiovisual Media

THE INFORMATION ACTION PLAN AIMED AT YOUNG PEOPLE

In 1992, the European Commission approved the information action plan aimed at young people which was implemented by Directorate-General X. Since then approximately 160 projects have been carried out within the framework of this action, with more than ECU 4 million being granted in financial aid by the Commission.

QUESTION: There are numerous Community youth programmes involving education and training. What is specific about Directorate-General X's contribution?

Most of the programmes that you refer to are implemented by Directorate-General XXII 'Education, training and youth. They have quite precise objectives, namely to enable young people to become more mobile, to promote the learning of languages and to encourage exchanges between schools, universities and other associations. Nevertheless, we should not forget the cultural programmes designed to promote artistic, cultural and litterary production as well as the protection of European cultural heritage. These programmes which are implemented by my Directorate-General, certainly contribute to the creation of a European identity that respects the cultural diversity of the European people. They also increase the communication between Europeans.
Concerning the area of information, we want to provide young people with objective and comprehensive information about Europe, allowing them to develop a critical spirit regarding the opportunities European integration offers them as well the difficulties it encounters.
Our aim is more fundamental: to contribute to the development of genuine European citizenship amongst young people, to illustrate what Europe means and how the European Union functions, to explain the origins of the European integration venture, to show what is at stake and the prospects of integration and finally to make young people aware that, in the future, the success of this venture will depend on them. At the same time, we want to communicate with young people and to listen to their opinions and wishes.

QUESTION: The Commission has been supporting initiatives concerning information for young about Europe for five years now. Have the objectives of the information action plan aimed at young people been achieved?

The action plan has made it possible to inform thousands of young Europeans about Europe and European integration, to make them aware of this subject and to involve them actively in the creation of a citizens' Europe.
Parallel to raising general awareness and diffusing information, the action plan has always taken into account, from one year to the next, current European affairs by encouraging projects concerning priority themes of the European Union such as enlargement, reform of the institutions, the Intergovernmental Conference of 1996-97, job creation, economic and monetary union with the euro and the fight against racism and xenophobia.
Thus, projects have enabled young people to take an active part in the major debates, which have an importance for them and for Europe as a whole.

QUESTION: Who are the young people affected by this action plan?

Our target public is composed of young people aged between 15 and 25 years old, from all social categories of the European Union, and even young people beyond its borders.

From the beginning, we aimed specifically at young people who do not belong to any organisations or associations which is the case for one young person in two. Their access to the information sources set up by youth organisations or associations is often limited. It is obvious, therefore, that these young people must be a priority of our action plan and the selected projects aim to reach these young people, by using various different media such as television, 'youth' press, radio and the Internet, and often by taking place in schools, at festival times and during other large youth gatherings.

QUESTION: What is your experience with the use of new technologies?

We have particularly encouraged initiatives involving new information technology because we think, on the one hand, that these new media attract many young people and that, on the other hand, they possess an enormous communication potential that must be fully exploited.

These initiatives are, to some extent, pioneer projects involving investment in the future, because although the number of young people actively using these new technologies is still relatively restricted at present, the number is sure to increase very quickly over the coming years.

According to our experience, projects involving information technology often fulfil several objectives: on the one hand to inform young people about Europe, and, on the other hand, to teach them how to use these new technologies, to exploit them and become proficient in them. Seen from this point of view, these projects contribute to improving young people's qualifications, thus improving their chances on the labour market of tomorrow.

The new technologies also occupy an important place in the strengthening of networks connecting organisations, groups and youth centres. Rendering the networks and partnerships more effective, more numerous and more open thus helps to create a European dimension in young people's lives.

Encouraging the use of the new technologies does not mean, however, that we neglect initiatives using other more traditional forms of media. To reach the largest number of young people, there must be a mixture of different and complementary approaches.

QUESTION: What are the prospects for the future?

The projects carried out over the last few years have made it possible to produce a large number of various information tools designed specifically for young people.

Our objective is therefore to make these information tools better known to those who work with young people, because the tools represent an enormous wealth of original and creative ideas.

With this in mind, we want to organise a conference where the organisations that have carried out a project under the information action plan aimed at young people will have the opportunity to present the tools that they have developed. For us, this conference will also be an occasion to continue the dialogue with our partners, to know more fully their ideas and experiences concerning information for young people.

In the future, themes such as job creation, the euro, enlargement of the European Union, the Treaty of Amsterdam and reforms of the institutions and policies of the European Union will remain the focus of our debate with young people.

In a more medium term perspective, we also think about a project involving a team of young people with different backgrounds who would be asked to elaborate their **vision** of tomorrow's Europe. I hope this project will allow us to intensify our dialogue with young people, because it is very important for us to listen to them and to know more about their ideas and expectations.

Interview avec Monsieur Spyros A. Pappas

directeur général de la direction générale X
« Information, communication, culture, audiovisuel »

LE PLAN D'ACTIONS D'INFORMATION PUBLIC JEUNES

La Commission européenne a approuvé en 1992 un plan d'action d'information destiné aux jeunes, qui a été mis en œuvre par la direction générale X. Quelque 160 projets d'information des jeunes ont été réalisés entre-temps dans le cadre de cette action. Plus de 4 millions d'écus ont été accordés comme aides financières par la Commission pour ces projets.

QUESTION: Il existe de nombreux programmes communautaires pour la jeunesse qui touchent à l'éducation et à la formation. Quel est l'apport spécifique de la direction générale X?

Les programmes que vous évoquez tombent, pour l'essentiel, sous l'égide de la direction générale XXII « Éducation, formation et jeunesse ». Ils ont des objectifs bien précis, à savoir rendre les jeunes plus mobiles, favoriser l'apprentissage des langues, encourager l'échange des milieux scolaires, universitaires, associatifs et autres. Il ne faut toutefois pas oublier les programmes culturels destinés à promouvoir des activités de création artistique, culturelle, littéraire, et de soutien du patrimoine européen. Ces programmes, gérés par ma direction générale, contribuent certes à la création d'une identité européenne en respectant la diversité culturelle des peuples européens mais aussi à la communication entre les européens.
Sur le plan de l'information, nous voulons fournir aux jeunes une information objective et compréhensible sur l'Europe, leur permettant de développer un esprit critique tant par rapport aux perspectives que la construction européenne leur ouvre que par rapport aux difficultés qu'elle rencontre.
Notre but, dans ce contexte, est donc plus fondamental: il est de contribuer au développement d'une véritable citoyenneté européenne chez les jeunes, de leur dire ce que signifie l'Europe, de leur montrer comment l'Union européenne fonctionne, de leur expliquer les origines de cette aventure qu'est la construction européenne, ses enjeux, ses perspectives et, finalement, de leur faire prendre conscience que, dans l'avenir, la réussite de cette aventure dépendra d'eux. En même temps, nous voulons entrer en dialogue avec les jeunes pour mieux connaître leurs opinions et leurs souhaits.

QUESTION: Depuis maintenant cinq ans, la Commission soutient des initiatives d'information des jeunes sur l'Europe. Peut-on dire que les objectifs du plan d'actions ont été atteints?

Le plan d'actions a permis d'informer des milliers de jeunes européens sur l'Europe et la construction européenne, de les sensibiliser à ce sujet et de les impliquer activement dans la création de l'Europe des citoyens.
Parallèlement à cet effort d'information et de sensibilisation générale, le plan d'actions a toujours pris en compte, d'une année à l'autre, l'actualité européenne en encourageant des projets portant sur des thèmes prioritaires de l'Union européenne tels que l'élargissement, la réforme des institutions, la Conférence intergouvernementale de 1996-97, la création d'emplois, l'Union économique et monétaire avec l'euro ou la lutte contre le racisme et la xénophobie.
Ainsi, les projets ont également permis aux jeunes de participer activement aux grands débats d'actualité ayant une importance réelle aussi bien pour eux que pour l'Europe

QUESTION: Qui sont les jeunes touchés par ce plan?

Notre public cible est composé de jeunes entre 15 et 25 ans, issus de toutes les catégories sociales dans toute l'Union européenne, voire en dehors.
Dès le début, nous avons visé surtout les jeunes qui ne font pas partie d'une organisation ou d'une association, ce qui est le cas d'un jeune sur deux. Il est clair que ces jeunes ont moins d'accès aux sources d'information mises en place par les organisations et associations de jeunesse. C'est pourquoi les projets sélectionnés s'efforcent de toucher en priorité les jeunes se trouvant à l'écart de la vie associative, sans pour autant exclure ceux qui sont membre d'une association.

C'est le cas, par exemple, pour les projets impliquant la télévision, la presse « jeunesse » ou la radio, ou ceux qui se déroulent dans les écoles, lors de festivals ou autres grands rassemblements de jeunesse, ou encore les initiatives s'appuyant sur Internet.

QUESTION: Quelles sont vos expériences avec l'utilisation des nouvelles technologies?

Nous avons particulièrement encouragé les initiatives impliquant les nouvelles technologies de l'information, car nous pensons, d'une part, que ces nouveaux médias attirent beaucoup les jeunes et, d'autre part, qu'ils ouvrent des potentiels inouïs de communication qu'il s'agit d'exploiter pleinement.

Ce sont, en quelque sorte, des projets pionniers qui représentent un investissement dans l'avenir. Certes, le nombre de jeunes utilisant activement ces nouvelles technologies est encore relativement restreint aujourd'hui. En fait, selon le sondage *EUROBAROMÈTRE* du printemps 1997 consacré aux jeunes européens de 15 à 25 ans, 43,4 % des jeunes de l'Union européenne utilisent au moins une fois par semaine un PC, 14,2 % un lecteur CD-ROM, 6,6 % une connexion à Internet et 5,4 % le courrier électronique. Mais ces chiffres augmenteront certainement avec une grande rapidité dans les prochaines années.

D'après nos expériences, les projets impliquant l'informatique poursuivent souvent plusieurs objectifs: informer les jeunes sur l'Europe et, aussi, leur apprendre à se servir de ces nouvelles technologies, à les exploiter et à les maîtriser. Vus sous cet angle, ces projets contribuent également à augmenter la qualification des jeunes concernés, leur donnant ainsi de meilleures chances sur le marché du travail de demain.

Les nouvelles technologies occupent également une place importante dans le renforcement des réseaux reliant les organisations, groupes et centres de jeunesse. Rendre plus efficaces, plus nombreux et plus ouverts ces réseaux contribue ainsi à donner une dimension européenne à la vie des jeunes.

Encourager l'utilisation des nouvelles technologies ne veut pas dire, pour autant, que nous négligeons les initiatives utilisant d'autres médias plus ou moins traditionnels. Pour atteindre le plus grand nombre de jeunes, il faut, en effet, un mélange d'approches différentes et complémentaires.

QUESTION: Quelles sont les perspectives pour l'avenir?

Les projets réalisés au cours des années passées ont permis de produire un grand nombre d'outils d'information très divers, spécialement conçus pour un public jeune.

Notre objectif est alors de mieux les faire connaître auprès de ceux qui travaillent avec les jeunes, car ces outils représentent un formidable gisement d'idées, de créativité et d'ingéniosité.

Dans cette perspective, nous voulons organiser une conférence où les organisations ayant réalisé un projet dans le cadre du plan d'actions auront l'occasion de présenter les outils qu'elles ont mis au point. Pour nous, cette conférence sera également l'occasion de poursuivre le dialogue avec nos partenaires, de mieux connaître leurs expériences et leurs idées quant à l'information des jeunes.

Les thèmes sur lesquels nous entamerons ou continuerons le débat avec les jeunes seront les suivants: la création d'emplois, l'euro, l'élargissement de l'Union européenne, le traité d'Amsterdam, les réformes des institutions, la protection de l'environnement et la lutte contre le racisme.

Un autre projet, plus lointain celui-là, envisage de réunir une équipe de jeunes d'horizons divers à laquelle il serait demandé d'élaborer sa **vision** de l'Europe de demain. J'espère que ce projet nous permettra d'intensifier notre dialogue avec les jeunes, car il est très important pour nous d'être à leur écoute et de mieux connaître leurs idées et leurs attentes.

Contents

Table des matières

SOME NOTES CONCERNING THIS PUBLICATION

This publication presents the projects that have been partially financed by the Unit 'Information for trade-unions, women and young people' of Directorate-General X of the European Commission, within the framework of the *Information Action Plan aimed at Young People* from 1994 to 1997.

The projects are selected by a jury following an annual call for proposals published in the *Official Journal of the European Communities*. In 1997, this call for proposals was published on 14 February 1997 (see page 16).

A separate chapter of the publication details projects that have been partially financed independently of this *Information Action Plan*.

All the projects are presented in the same way: at the top of each page, you will find the title of the project, as well as the year in which the request for a subsidy was submitted. The heading 'In a few words...' briefly summarises the principal elements of the project and the heading 'To know more...' gives more detailed information about the contents of the project.

You will also find contact information for the organisation which coordinated the project as well as the name and the location of the partner organisations; you can therefore contact the coordinating organisation should you require additional information about their specific project.

The subsidy granted to each project is also given. However, it is important to remember that the final subsidy *received* is sometimes lower than the subsidy initially *granted*, due to the fact that the estimated budget drawn up at the beginning of the project is sometimes higher than the final budget.

One final note, the majority of the projects have now come to an end, but some are still under way. In order to facilitate the reading of this publication, all the projects are presented in the present tense.

The projects are categorised according to four central principles:

I. Bringing young people together

II. Creating information tools

III. Constructing networks

IV. Training

Within these categories, similar projects have been grouped together. Thus, for example, within the group 'Creating information tools', projects aiming to create an Internet page are listed together, as are projects aiming to produce a radio programme, etc. In order to facilitate the use of this publication, we have created various indexes:

- **Index of projects...**
  ... allows you to find a project by its title.
- **Index of projects according to geographical distribution...**
  ... allows you to find the projects carried out in your country and region.
- **Index of coordinating organisations...**
  ... allows you to find a project through the coordinating organisation's name. This index also gives an overall picture of these organisations.
- **Index of partner organisations...**
  ... allows you to find a project through the partner organisation's name. This index also gives an overall picture of these organisations.
- **Index of key words...**
  ... allows you to find projects involving, for example, schools, rural areas or journalists.

QUELQUES REMARQUES CONCERNANT LES PROJETS

Cette publication vous présente les projets ayant été cofinancés par l'unité «Information des milieux syndicaux, du public féminin et du public jeune» de la direction générale X de la Commission européenne dans le cadre de l'*Action d'Information Public Jeunes* de 1994 à 1997.

Chaque année, ces projets ont été sélectionnés par un jury à la suite d'un appel à propositions publié dans le *Journal officiel des Communautés européennes.* Vous trouverez l'appel à propositions du 14 février 1997 à la page 17.

Un chapitre à part est consacré aux projets cofinancés indépendamment de l'*Action d'Information Public Jeunes.*

Tous les projets sont présentés d'une manière identique: en haut de chaque page, vous trouverez le titre ainsi que l'année indiquant l'introduction de la demande de subvention. Au dessous, la rubrique «En bref» vous présente, en quelques mots, les éléments principaux du projet, tandis que la rubrique «Pour en savoir plus...» développe le contenu du projet d'une façon plus détaillé.

Vous trouverez également les coordonnés de l'organisation ayant assuré la coordination du projet ainsi que le nom et le lieu géographique des organisations partenaires: vous pouvez ainsi contacter l'organisation coordinatrice lorsque vous souhaitez des informations supplémentaires sur un projet.

Nous indiquons également le montant de la subvention accordée à chaque projet. Rappelons, néanmoins, que la subvention finalement *perçue* peut être inférieure à celle initialement *accordée* lorsque le budget estimatif établi au début du projet est supérieur au budget final.

Notez enfin que la plupart des projets présentés sont à l'heure actuelle clôturés, tandis que d'autres sont en cours de réalisation. Indépendamment de cela, nous avons choisi de rédiger tous les textes au présent pour en faciliter la lecture.

Nous avons retenu quatre grands axes autour desquels les projets sont regroupés en fonction de leur objectif principal. Ces axes sont:

I. Réunir les jeunes

II. Créer des outils d'information

III. Construire des réseaux

IV. Former

À l'intérieur de ces catégories, nous avons regroupé les projets en fonction de leur ressemblance. Ainsi, au sein du groupe «Créer des outils d'information», sont rassemblés les projets ayant pour objectif principal la création d'une page Internet; il en est de même pour les projets visant la production d'émissions de radio, etc. Afin de vous faciliter la recherche des projets, nous avons créé différents index:

- **Index des projets...**
  ... vous permet de retrouver un projet dont vous connaissez seulement le titre.
- **Index des projets selon la répartition géographique...**
  ... vous aide si vous voulez connaître les projets réalisés dans votre région ou votre pays.
- **Index des organisations coordinatrices...**
  ... vous facilite la recherche si vous connaissez seulement le nom de l'organisation coordinatrice. Il vous donne également une vue d'ensemble de ces organisations.
- **Index des organisations partenaires...**
  ... vous donne les mêmes possibilités de recherche concernant les organisations partenaires.
- **Index des mots clés...**
  ... vous permet de localiser les projets impliquant par exemple des écoles, le monde rural, des journalistes.

I. SUBJECT

In its role as a provider of information, the European Commission wishes to promote information campaigns about the European Union targeted at young people.
It is therefore implementing the 1997 action plan aimed at young people, aimed preferably at those between the ages of 15 and 25, to support initiatives and projects in the field of information and communication with a European dimension.
The aims of this action plan for young people in 1997 will be:

- to develop young people's awareness of the creation of a people's Europe and European citizenship;
- to inform young people about the European Union in general and about its institutions and policies;
- to inform the target group about the following priority themes:
  - job creation and economic growth,
  - rights of citizens arising from the internal market,
  - reform of the Maastricht Treaty,
  - economic and monetary union and, in particular, the single currency, the euro,
  - enlargement of the European Union,
- raising young people's awareness of the fight against racism and xenophobia as part of the European Year against Racism 1997.

II. CONDITIONS, CRITERIA, FUNDING

The Commission will be supporting a limited number of youth information projects relating to the European Union, its institutions and achievements, and the state of Europe in general.

Proposals from public and private organisations and institutions, groups and associations in the Member States may be submitted to the Commission, which will draw up a shortlist of projects, organise the selection of projects by a committee of independent experts, provide financial support for the projects chosen, receive interim and final reports on the work carried out and publicise the conclusions.

Only innovative projects which disseminate information on Europe to the largest possible number of young people will be considered. Partners from at least three Member States of the European Union must be involved in each project. Publicity events, information meetings and seminars, publications, computer products and networking would all qualify. Projects with a commercial interest and projects subsidised by other European Union programmes will not be eligible.

The grant awarded to a project will not exceed 50 % of total expenses incurred, subject to a maximum per project of ECU 40 000. The Commission reserves the right to award a grant for less than the amount requested.

It should be stressed that the action plan aimed at young people is an information and communication campaign. Thus projects relating to education, vocational training or exchanges between young people should not be submitted. Such projects may well be eligible for the Socrates, Leonardo da Vinci, Youth for Europe or Young citizens of Europe (voluntary service for young people) programmes, for which Directorate General XXII is responsible. Financial assistance will not be available from the action plan aimed at young people for the operating costs of youth organisations or groups.

ACTION D'INFORMATION PUBLIC JEUNES 1997:
Appel à propositions publié dans le Journal officiel

I. SUJET

Dans le cadre de sa mission d'information, la Commission européenne souhaite promouvoir des actions d'information sur l'Union européenne à destination des jeunes. À cet effet, la Commission met en œuvre l'«Action Public Jeunes 1997», une action d'information sur l'Union européenne pour les jeunes, de préférence entre 15 et 25 ans, destinée à soutenir des initiatives et des projets d'information et de communication de dimension européenne.
Pour 1997, l'«Action Public Jeunes» vise à :
- sensibiliser les jeunes à la création de l'Europe des citoyens et à la citoyenneté européenne;
- informer les jeunes sur l'Union européenne en général, sur ses institutions et ses politiques;
- informer le groupe cible sur les thèmes prioritaires suivants:
  - la création d'emplois et la croissance économique,
  - les droits des citoyens découlant du marché intérieur,
  - la réforme du traité de Maastricht,
  - l'Union économique et monétaire, et avant tout la monnaie unique euro,
  - l'élargissement de l'Union européenne,
- sensibiliser les jeunes à la lutte contre le racisme et la xénophobie, dans le cadre de l'Année européenne contre le racisme 1997.

II. CONDITIONS, CRITÈRES, FINANCEMENTS

La Commission apporte son soutien à un nombre limité de projets d'information des jeunes concernant l'Union européenne, ses institutions et ses réalisations ainsi que la réalité européenne en général.

La Commission recueille les propositions émanant d'organismes et institutions publics ou privés, de groupes et associations ressortissant des États membres, elle établit la liste des projets soumis, organise la sélection des projets par un comité d'experts indépendants, fournit un soutien financier aux projets sélectionnés, reçoit des rapports intérimaires et finaux sur la réalisation des initiatives, et en diffuse les résultats.

Ces actions d'information devront, pour être prises en considération, avoir un caractère novateur et garantir un impact d'information européenne auprès du plus grand nombre de jeunes. Il est exigé la participation de partenaires d'au moins trois États membres de l'Union européenne. Sont éligibles des manifestations, des rencontres et séminaires d'information, des publications, des produits informatiques, la création des réseaux d'information, etc. Des projets à des fins commerciales ou subventionnés par d'autres programmes de l'Union européenne ne sont pas admis.

L'aide accordée, par projet, ne pourra excéder 50 % des dépenses totales encourues. Le montant maximal accordé pour un projet s'élève à 40 000 écus. La Commission se réserve le droit d'accorder une subvention inférieure au montant demandé.

Il importe de souligner que l'Action Public Jeunes est une action d'information et de communication. En conséquence, il n'y a pas lieu de soumettre dans le cadre de cette action des projets concernant l'éducation, la formation professionnelle ou les échanges des jeunes. De tels projets relèvent, le cas échéant, des programmes Socrates, Leonardo da Vinci, «Jeunesse pour l'Europe» ou «Jeunes citoyens d'Europe » (Service volontaire européen pour les jeunes), et donc de la compétence de direction générale XXII «Éducation, formation et jeunesse» de la Commission européenne.
Dans le cadre de l'Action Public Jeunes, des aides financières destinées à couvrir les frais de fonctionnement des organisations ou groupes de jeunesse ne peuvent pas être accordées.

III. APPLICATION PROCEDURE

Application forms may be obtained from the Directorate-General for Information, Communication, Culture and Audiovisual Media,
General Public Unit (X/A/5), European Commission, 200 Rue de la Loi, B - 1049 Brussels, fax: (322) 299.92.02.
They are also available from Commission offices in the 15 Member States.

Completed forms should be postmarked no later than **30 April 1997**.
The application must include the following:

1. a detailed description of the project and the nature of the organisers/partners;
2. a budget estimate (expenditure and revenue) in ecus, which must be balanced, showing:
   - the amount of the grant requested from the Commission,
   - a detailed breakdown of the item 'resources other than the grant requested from the Commission', showing clearly the size and origin of these resources;
3. statements from all the partners in the project, where necessary showing how much they will be contributing to the project funding;
4. the legal status of the organisation or association applying for funding;
5. a declaration from the applicant's bank giving the code and bank account number of the association applying for funding;
6. the name of the person acting as representative of the organisation applying for funding.

The completed, signed and dated form, together with the other documents required, should be sent in duplicate (originals of the form and the bank declaration **must** be sent), no later than **30 April 1997,** to the following address:
Commission of the European Communities
DG X/A/5 - Action plan for young people
Rue de la Loi 200
B - 1049 Brussels
Fax: (32-2) 299 92 02

Incomplete applications not containing the documents mentioned above in points 1 to 6, and in particular points 3 to 6, and those which do not meet the conditions laid down (in particular evidence of the participation of partners from at least three Member States) will not be considered. The selection will be made on the recommendations of a selection board whose decisions are taken collectively and whose proceedings are confidential.

Projects will be selected by 15 June 1997. The project organisers will be informed as to whether or not their applications have been approved.

The Commission will give appropriate publicity to the projects selected.

The organisers must use all appropriate means to publicise the support provided for their projects by the European Commission as part of its Action plan aimed at young people.

III PROCÉDURE DE DEMANDE DE SUBVENTION

Le formulaire de candidature peut être obtenu auprès de la direction générale «Information, communication, culture, audiovisuel» de la Commission européenne,
Unité «Information et projets grand public» (X/A/5), rue de la Loi 200, B-1049 Bruxelles, fax: 32 2-299 92 02. Les formulaires sont disponibles également auprès des représentations de la Commission dans les quinze États-membres.

Les projets doivent être introduits au plus tard le **30 avril 1997** (date limite, le cachet de la poste faisant foi).

La demande doit impérativement comporter :

1. une description détaillée du projet et de la qualité des organisateurs/partenaires,
2. un budget prévisionnel équilibré (dépenses et recettes) libellé en écus spécifiant :
   - le montant de la subvention demandée à la Commission,
   - la ventilation détaillée du poste «Ressources autres que la subvention demandée à la Commission», indiquant clairement le montant et l'origine de ces ressources,
3. des attestations de tous les partenaires du projet, avec, le cas échéant, indication du montant pour lequel ils contribueront au financement de l'action,
4. le statut juridique de l'organisme ou de l'association bénéficiaire,
5. un certificat bancaire délivré par l'organisme bancaire du demandeur indiquant le code et numéro de compte bancaire de l'organisme bénéficiaire,
6. le nom de la personne agissant en qualité de représentant de l'organisme bénéficiaire.
   Le formulaire dûment complété, signé et daté, ainsi que les autres documents requis, **doivent** être expédiés au plus tard le **30 avril 1997**, en deux exemplaires (l'original du formulaire ainsi que celui du certificat bancaire) à l'adresse suivante:
   Commission des Communautés européennes
   D.G. X/A/5 - Action Public Jeunes
   200, rue de la Loi
   B - 1049 BRUXELLES
   Fax: 32 2 299 92 02

Les dossiers incomplets ne comportant pas tous les documents ci-dessus mentionnés dans les points 1 à 6, et notamment dans les points 3 à 6, ainsi que ceux qui ne remplissent pas les conditions exigées (notamment la participation justifiée de partenaires d'au moins trois Etats membres) ne pourront être pris en considération.

La sélection des candidatures se fait sur la base de l'avis d'un comité de sélection, dont les décisions sont collégiales et ne sont pas divulguées, les membres du comité de sélection étant tenus d'assurer la confidentialité des délibérations.

La sélection des projets sera effectuée avant le 15 juin 1997. Les initiateurs des projets seront ensuite informés si leur demande a été acceptée ou refusée.

Les projets sélectionnés font l'objet d'une publicité appropriée de la part de la Commission.

Les organisateurs sont tenus de faire connaître, par tous les moyens appropriés, le soutien accordé à leurs projets par la Commission européenne dans le cadre de l'«Action Public Jeunes».

I

Bringing young people together

Réunir les jeunes

IN A FEW WORDS...

Fourth youth forum entitled 'Young Europeans in 1995'

TO KNOW MORE...

During this fourth youth meeting organised by the city of Grasse, young people from Grasse, Ingolstadt and Murcia come together to discuss for two days what it means to be a young European in 1995.

Workshops are organised on the European institutions, their functions and on the history of European integration from the Treaty of Rome to the Maastricht Treaty.

Other workshops cover the mobility of young people in Europe, presenting the Community programmes in this field. Teaching, education, training and employment constitute the other subjects of the meeting.

A cultural evening on the theme of 'Europe of traditions, Europe of arts' is on the programme, with dancing, theatre and a European buffet.

This meeting is part of a series of European events organised by the Municipal Youth Office of Grasse. Since the first European Youth Assembly in 1989, the second and third youth forums have already taken place in Grasse.

EN BREF...

Quatrième forum «jeunesse» sous le titre «Être un jeune européen en 1995»

POUR EN SAVOIR PLUS...

Lors de ce quatrième forum «jeunesse» organisé par la ville de Grasse, des jeunes venant de Grasse, d'Ingolstadt et de Murcia se penchent pendant deux jours sur le thème «Être un jeune européen en 1995».

Des ateliers sont organisés sur les institutions européennes et leur fonctionnement et sur l'histoire de la construction européenne, du traité de Rome au traité de Maastricht.

D'autres ateliers portent sur la mobilité des jeunes en Europe et font état des programmes communautaires dans ce domaine. L'enseignement, l'éducation, la formation et l'emploi constituent également d'autres thèmes de la rencontre.

Une soirée culturelle sur le thème «L'Europe des traditions, l'Europe de l'art» est également au programme, avec des danses, du théâtre et un buffet européen.

Cette rencontre s'inscrit dans une série d'événements européens organisés par l'office municipal de la jeunesse de la ville de Grasse. À la suite des premières assises européennes de la jeunesse en 1989, les deuxième et troisième forums de la jeunesse s'étaient déjà déroulés à Grasse.

COORDINATION | COORDINATION

Office Municipal de la Jeunesse de la Ville de Grasse
RESP.: Pascal Brochiero
16, rue du Palais de Justice • F - 06130 Grasse • France
☎ + 33 493401313 • FAX: + 33 493401282

THE PARTNERS | LES PARTENAIRES

Stadtjugendring, Ingolstadt (Deutschland)
Ayuntamiento da Murcia, Murcia (España)
Città di Carrara, Carrara (Italia)

SUBSIDY GRANTED | SUBVENTION ACCORDÉE

ECU 32 000

BORDERLESS EUROPE (1995)

IN A FEW WORDS...

Bringing Europe closer to young people working in fairs, markets, circuses and in show business

EN BREF...

Rapprocher l'Europe des jeunes travaillant sur les foires et les expositions, dans les cirques et dans le monde du spectacle

TO KNOW MORE...

European issues in general, and in particular mobility throughout Europe, are of special interest to youngsters working in circuses and living in the world of travelling people.

This project therefore aims to present information on Europe and to raise awareness about the process of European integration amongst young people at four meetings bringing together the professionals of the business and their families.

Held in Valencia, Paris, Munich and Blackpool, these meetings are expected to gather more than 43 000 visitors, amongst whom are numerous young people.

At each meeting, a European information booth for young people is set up with simultaneous translation. Youngsters can also participate in a prize-winning competition.

This information element is combined with informal evening programmes facilitating exchange and contacts between the youngsters.

The network of national publications is used to advertise the information events and to raise young people's interest.

POUR EN SAVOIR PLUS...

Pour les jeunes vivant et travaillant dans le monde du spectacle - du cirque notamment - l'Europe est une réalité quotidienne. C'est particulièrement l'aspect de la mobilité qui les touche directement.

Ce projet se propose d'informer ces jeunes sur l'Europe et la construction européenne lors de quatre rassemblements réunissant les professionnels du spectacle et leurs familles.

Les rassemblements se déroulent à Valence, à Paris, à Munich et à Blackpool, avec, en tout, environ 43 000 visiteurs, parmi lesquels un grand nombre de jeunes.

Lors de chaque rassemblement, un stand d'information sur l'Europe est installé pour les jeunes, avec traduction simultanée. Les plus jeunes peuvent également participer à un concours.

L'élément informatif est combiné avec des programmes nocturnes informels facilitant l'échange et les contacts entre les jeunes.

Le réseau des publications nationales est utilisé afin de faire connaître ces actions d'information auprès des jeunes et pour susciter leur intérêt.

COORDINATION

COORDINATION

Europäische Schausteller Jugend - Union Foraine de Jeunesse Européenne
RESP.: Ulrich Rust
21, allée Scheffer • L - 2520 Luxembourg • Luxembourg
☎ + 49 2389 3274 • FAX: + 49 2389 535033

THE PARTNERS

LES PARTENAIRES

18 organisations in seven EU Member States and in Switzerland /
18 organisations dans sept États membres de l'UE et en Suisse.

SUBSIDY GRANTED

SUBVENTION ACCORDÉE

ECU 25 000

THE INTERGOVERNMENTAL CONFERENCE TOWARDS A SINGLE CURRENCY, TOWARDS NEW MEMBER STATES OF EASTERN AND CENTRAL EUROPE - THE COUNTDOWN TO THE NEXT MILLENIUM (1996)

IN A FEW WORDS...

Organisation of an information campaign targeted at young people in show business

EN BREF...

Organisation d'une campagne d'information ciblée sur les jeunes du monde forain

TO KNOW MORE...

In collaboration with its national sub-associations, the European Showmen's Union launches an information campaign for people working in fairs, circuses and attraction parks, fairground travellers, those living on barges and seasonal workers and their families.

The campaign focuses on young people within these target groups.

In addition to central themes such as the Intergovernmental Conference of 1996, the single market, the euro and future enlargement of the European Union, special attention is given to the presentation of the EU programmes Socrates, Leonardo and Youth for Europe.

The campaign was launched in 1996, with the publication of articles on these issues in professional show magazines in the various Member States.

The second part of the campaign is also announced in these publications and includes information action plans involving the setting-up of information stands, meetings and discussions at trade exhibitions and other events.

POUR EN SAVOIR PLUS...

En coopération avec ses antennes nationales, l'Union Foraine Européenne lance une campagne d'information adressée aux professionnels des foires, des cirques, des parcs d'attractions et de loisirs, ainsi qu'aux travailleurs saisonniers et leurs familles.

Au sein de ces groupes cibles, la campagne s'adresse particulièrement aux jeunes.

Les thèmes principaux de la campagne sont la Conférence intergouvernementale de 1996, le marché unique, l'euro, l'élargissement de l'UE. La présentation des programmes Socrates, Leonardo et «Jeunesse pour l'Europe», bénéficie d'une attention particulière.

La campagne est lancée en 1996 avec la publication d'articles sur ces thèmes dans les magazines nationaux spécialisés s'adressant aux groupes cibles.

La seconde partie de la campagne est également annoncée par ces médias et comporte des stands d'information, des conférences, des débats et autres actions d'information qui ont lieu lors des foires rassemblant les professionnels.

COORDINATION

COORDINATION

Europäische Schausteller Jugend - Union Foraine de Jeunesse Européenne
RESP.: Ulrich Rust
21, allée Scheffer • L - 2520 Luxembourg • Luxembourg
☎ + 49 2389 3274 • FAX: + 49 2389 535033

THE PARTNERS

LES PARTENAIRES

Seven organisations in five EU Member States /
Sept organisations dans cinq Etats membres de l'UE.

SUBSIDY GRANTED

SUBVENTION ACCORDÉE

ECU 25 000

IN A FEW WORDS...

Organisation of a youth meeting with 8 000 young people where information on Europe is disseminated.

EN BREF...

Organisation d'un rassemblement d'environ 8 000 jeunes où est diffusée l'information européenne.

TO KNOW MORE...

'Supercongresso 1997' aims to inform a large number of young people on Europe and to raise their awareness of the fundamental values defined by the 'Fathers of Europe' through their declarations.

Prepared by 500 young people and youth workers, the congress takes place in Rome in May 1997. Under the slogan 'The world of the year 2000 - a world of unity' it brings together about 8 000 young people from all over Europe and other countries.

At the congress, an information point is set up with information on the EU, including an information desk of the European Commission which is run in cooperation with the Commission's representation in Rome.

At this information desk, a film presents extracts from a round table of Commission officials discussing European issues. An interview with Marcelino Oreja, Member of the European Commission, is also projected onto a giant screen.

The young visitors of the 'Supercongresso 1997' can also participate in artistic workshops.

POUR EN SAVOIR PLUS...

Informer un grand nombre de jeunes sur l'Europe et les sensibiliser aux valeurs fondamentales exprimées dans les déclarations des «Pères de l'Europe», tel est l'objectif du projet «Supercongresso 1997».

Préparé par 500 jeunes et leurs animateurs, ce congrès rassemble, en mai 1997 à Rome, plus de 8 000 jeunes de toute l'Europe et d'ailleurs sous le thème «Le monde de l'an 2000: un monde d'unité».

Lors de cet événement, un espace réservé à l'information sur l'UE, comprenant un stand de documentation européenne, est mis en place en collaboration avec la représentation de la Commission européenne à Rome.

Ce stand montre des vidéos sur une table ronde réunissant des fonctionnaires de la Commission européenne sur des thèmes d'actualité européenne. Une interview avec Marcelino Oreja, membre de la Commission européenne, apparaît également sur grand écran.

Les jeunes visiteurs du «Supercongresso 1997» ont aussi l'occasion de participer à des ateliers d'expression artistique.

COORDINATION | COORDINATION

Ragazzi per l'Unità - P.A.M.O.M.
RESP.: Roberta Alvino
Via di Frascati, 342 • I - 00040 Rocca di Papa (Roma) • Italia
☎ + 39 6 9497411 • FAX: + 39 6 9497832
E-mail: supercongresso@microelettra.it • Internet: http://www.focolare.org/super

THE PARTNERS | LES PARTENAIRES

Action pour un Monde Uni - A.M.U., Esch-sur-Alzette (Luxembourg)
Humanité Nouvelle - Nieuwe Mensheid, Gembloux (Belgique)
Movimento Juventude Nova, Oeiras (Portugal)

SUBSIDY GRANTED | SUBVENTION ACCORDÉE

ECU 25 000

IN A FEW WORDS...

International youth meetings on European issues

TO KNOW MORE...

'Euromeetings' are workshops where young people from different Member States come together to inform each other about European integration, to discuss European politics and to develop ideas for active participation of young people in the process of European integration.

The meetings are prepared through a series of regional meetings in Germany where about 400 young Germans can express their fields of interest concerning Europe.

Two 'Euromeetings' are then organised where young people from five Member States discuss European topics. During the meetings, they also have the opportunity to debate European issues with Members of the European Parliament and officials from the European Commission.

The young people who participate in the meetings take the role of informing other young people in their schools, youth clubs, etc. on European issues which they chose according to their interest, such as studying abroad, participating in exchange programmes or environment protection.

EN BREF...

Des rencontres internationales de jeunes sur l'Europe

POUR EN SAVOIR PLUS...

Les «Eurotreffs» sont des réunions où des jeunes venant de différents États membres s'informent sur l'Europe, discutent les politiques de l'Union européenne et développent des idées pour une participation plus active des jeunes dans le processus de la construction européenne.

Ces réunions sont préparées à travers une série de réunions régionales en Allemagne. Plus de 400 jeunes peuvent y exprimer leurs intérêts concernant l'Europe.

Par la suite, deux «Eurotreffs» sont organisés rassemblant des jeunes venant de cinq États membres autour de thèmes européens. Pendant ces réunions, les jeunes ont également l'occasion de discuter avec des députés européens et des représentant de la Commission européenne.

Les jeunes qui participent à ces réunions s'engagent à informer les jeunes de leur école, de leur club, etc., sur des thèmes liés à l'Europe qu'ils choisissent en fonction de leur intérêt. Les thèmes à choisir sont, par exemple: étudier à l'étranger, participer à des programmes d'échange, protéger l'environnement.

COORDINATION | COORDINATION

Institut für europäische Partnerschaften und internationale Zusammenarbeit - IPZ
RESP.: Dietmar M. Woesler
Pützchens Chaussee 137 • D - 53229 Bonn • Deutschland
☎ + 49 228 486180 • FAX: + 49 228 486594

THE PARTNERS | LES PARTENAIRES

Henk Schram Centrum, Eckelrade-Margraten (Nederland)
De Provinciale Jeugddienst Limburg, Hasselt (Belgique)

SUBSIDY GRANTED | SUBVENTION ACCORDÉE

ECU 13 000

PROGETTO DI SEMINARIO PER LA DIFFUSIONE DELLE NUOVE POLITICHE SOCIALI EUROPEE (1996)

IN A FEW WORDS...

Organisation of a seminar for 500 young people in vocational training schemes. Production of a video and guide

TO KNOW MORE...

Since 1993, the association Centro Elis has organised international seminars under the title 'Roman meetings'. These seminars focus on social issues and employment and bring together several hundred students and teachers from professional schools throughout the European Union.

The present project consists of the 1997 'Roman meetings' with about 500 participants aged 16 to 25. They come from professional schools or other vocational training schemes.

The 1997 edition focuses on European social policies, and in particular on the restructuring of European economies, the reorganisation of working hours and the access of women to higher education.

The seminar also deals with the increasing role of the service sector in European societies. It examines how far tourism and other services are sources of new employment.

In order to disseminate the results of the seminar, the initiators produce a video about the project and edit a guide on how to establish cooperation between associations in Europe.

EN BREF...

Organisation d'un séminaire pour 500 jeunes en formation professionnelle. Production d'une vidéo et d'un guide

POUR EN SAVOIR PLUS...

Depuis 1993, l'association Centro Elis a organisé des séminaires internationaux «Rencontres romaines», portant sur des thèmes de société et de l'emploi, et réunissant des centaines d'étudiant(e)s et d'enseignant(e)s de lycées professionnels à travers l'Union européenne.

Le présent projet porte sur l'édition 1997 des «Rencontres romaines», qui réunit environ 500 jeunes de 16 à 25 ans se trouvant en formation professionnelle.

L'édition 1997 est focalisée, notamment, sur la politique sociale européenne, et, en particulier, sur les transformations structurelles des économies européennes, la réorganisation de la durée du temps de travail et l'accès des femmes à l'enseignement supérieur.

Le séminaire s'intéresse également au rôle croissant des services dans les sociétés européennes. Il examine dans quelle mesure tourisme et autres prestations de services sont porteurs d'emplois.

Pour diffuser les résultats du séminaire, une vidéo est produite sur le projet ainsi qu'un guide facilitant l'établissement de coopérations entre associations à travers l'Europe

COORDINATION

COORDINATION

Associazione Centro Elis
RESP.: Francesca Vender
Via Sandro Sandri, 45 • Ufficio Progetti • I - 00159 Roma • Italia
☎ + 39 6 4394661 • FAX: + 39 6 4394681 • Internet: http://www.elis.interbusiness.it

THE PARTNERS

LES PARTENAIRES

Netherall Educational Association, London (United Kingdom)
Associación de Mujeres Empresarias - AVAME, Valladolid (España)
Associação Portuguesa de Ciencias Domesticas, Lisboa (Portugal)
Crannton Catering and Educational Centre, Dublin (Ireland)
Familia, Sociedad y Educacion - FASE, Madrid (España)
Fundación del Valle, Madrid (España)

SUBSIDY GRANTED

SUBVENTION ACCORDÉE

ECU 20 000

IO SONO UN CITTADINO DELL'EUROPA. E TU? (1994)

IN A FEW WORDS...

Dissemination of information on Europe, organisation of national competitions followed by a seminar and exhibitions

EN BREF...

Diffusion d'informations sur l'Europe, organisation de concours nationaux suivis d'un séminaire et d'expositions

TO KNOW MORE...

Four phases characterise this project which aims not only at tackling the lack of European information for young people, but also encourages them to express their ideas of European citizenship and make them experience a meeting with youngsters from other European countries.

At the beginning of the project, information on the European Union is disseminated by the partners on a national level, each organisation using its own distribution channels.

Also at a national level, each partner organises a competition based on the theme 'Citizen of Europe', and open to young people from 18 to 27 years. The participants are free to choose the form of their contribution: painting, photography, sculpture, literature, etc.

The ten winners of each country's competition are invited to take part in a seminar in Brussels, where they have the opportunity of comparing ideas about European citizenship.

The last element of the project consists of organising public exhibitions on a national level, showing the results of the competitions.

POUR EN SAVOIR PLUS...

Quatre phases caractérisent ce projet, qui veut à la fois remédier au déficit d'information européenne chez les jeunes et les inciter à exprimer leurs idées sur une citoyenneté européenne et leur faire vivre une rencontre européenne.

Au début du projet, des informations sur l'Union européenne sont diffusées au niveau national par les partenaires, chaque organisation utilisant les voies de distribution dont elle dispose.

Puis, au niveau national également, chaque partenaire organise un concours sur le thème «Citoyens d'Europe», ouvert aux jeunes de 18 à 27 ans. Les jeunes sont libres de choisir la forme de leur contribution: peinture, photographie, sculpture, littérature, etc.

Par la suite, les dix gagnants de chaque pays sont invités à participer à un séminaire à Bruxelles, où ils ont l'occasion de comparer leurs idées sur la citoyenneté européenne.

Enfin, des expositions publiques, avec les résultats des concours, sont organisées au niveau national.

COORDINATION

COORDINATION

Eurocultura
RESP.: Luciana Levi Bettin
Via Filzi, 4 • I - 36100 Vicenza • Italia
☎ + 39 444 964 770 • FAX: + 39 444 960129 • E-mail: EUROCULTURA@GOLDNET.IT

THE PARTNERS

LES PARTENAIRES

Institut National Confédéral Assistance - INCA, Paris (France)
BBJ Servis GmbH - Bereich Jugend, Potsdam (Deutschland)
BBJ Verlag, Berlin (Deutschland)

SUBSIDY GRANTED

SUBVENTION ACCORDÉE

ECU 30 000

SEMINAR ON EUROPE AND ECOLOGY (1995)

IN A FEW WORDS...

Seminar on the European Union

EN BREF...

Séminaire sur l'Union européenne

TO KNOW MORE...

This training seminar on the European Union brings together around 100 young people from different European countries. It is not only open to the members of the Federation of Young European Ecologists (FJEE), but also to other interested young people.

The following eight themes are discussed:

- Europe in the world/Europe's foreign policy;
- energy;
- peacekeeping and military questions;
- economic and monetary union;
- democracy and active citizenship;
- women's rights;
- the Green Parties in the governments of Europe - what can change?

During the seminar, discussions and presentations take place. In the afternoon, workshops and smaller groups are organised for a deeper approach of the issues discussed.

Cultural events and excursions are also part of the programme, as well as the participation of invited guest speakers, for example Finland's Minister for the Environment.

POUR EN SAVOIR PLUS...

Environ 100 personnes de différents pays européens participent à ce séminaire de formation sur l'Union européenne. Le séminaire est non seulement ouvert aux membres de la Fédération des jeunes écologistes européens (FJEE), mais aussi à d'autres jeunes intéressés.

Les thèmes suivants sont discutés:

- l'Europe dans le monde/la politique extérieure de l'Europe;
- l'énergie;
- le maintien de la paix et les questions militaires;
- l'union économique et monétaire;
- la démocratie et la citoyenneté active;
- les droits des femmes;
- les Verts dans les gouvernements en Europe: qu'est-ce qui peut changer?

Au cours du séminaire, des discussions et des présentations plénières ont lieu le matin. L'après-midi, des ateliers et des groupes de travail plus restreints sont organisés pour approfondir les thèmes abordés.

Des événements culturels et des excursions font également partie du programme, au même titre que la participation d'orateurs invités, comme le ministre finlandais de l'environnement.

COORDINATION

COORDINATION

Fédération des Jeunes Ecologistes Européens - FJEE
RESP. : Etienne Bassot
Rue Charles VI, 12 • B - 1030 Bruxelles • Belgique
☎ + 32 2 6479348 • FAX:+ 32 2 2175290

THE PARTNERS

LES PARTENAIRES

Grün-alternative Jugend Baden-Württemberg, Radolfzell (Deutschland)
ECOLO-J - Les Jeunes Verts européens, Marseille (France)
Several other member organisations of the FJEE /
Plusieurs autres organisations membres de la FJEE.

SUBSIDY GRANTED

SUBVENTION ACCORDÉE

ECU 9 000

IN A FEW WORDS...

Seminar on Europe and the rural areas

TO KNOW MORE...

A four-day seminar is organised in Brussels to discuss several issues. The future of small and medium-sized farms in Europe facing domination by agro-industries is one of them; as well as future perspectives for young people in rural areas with special attention to the idea of autonomous regional development.

Another issue is the relation between democracy and bureaucracy in Europe. The democratic deficit and possibilities of participation offered to young people are discussed in this context.

The seminar also deals with xenophobia, nationalism and Euro-scepticism in Europe. Furthermore, information is disseminated on the functions and tasks of the Mouvement International de la Jeunesse Agricole et Rurale Catholique - MIJARC, and the European institutions.

The organisers of the project believe that it is possible to give young people the feeling of participating in Europe by making them work together on European issues that concern them. This also contributes to the fight against right-wing and nationalist extremism.

EN BREF...

Séminaire sur l'Europe et le monde rural

POUR EN SAVOIR PLUS...

Pendant quatre jours, un séminaire est organisé à Bruxelles autour de différents thèmes. L'avenir d'une agriculture paysanne dans une Europe dominée par l'industrie agroalimentaire est discuté ainsi que les perspectives d'avenir pour les jeunes dans l'espace rural, notamment sous l'angle de l'idée d'un développement régional autonome.

Pendant le séminaire, il est également question de la relation entre la démocratie et la bureaucratie en Europe. Le déficit démocratique et les moyens de participation dont disposent les jeunes sont évoqués dans ce contexte.

S'y ajoute une réflexion sur la xénophobie, les nationalismes et l'euroscepticisme en Europe. Le séminaire sert également de cadre pour faire passer des informations sur la fonction et les tâches du Mouvement International de la Jeunesse Agricole et Rurale Catholique - MIJARC, et des institutions européennes.

Les initiateurs du projet estiment qu'en faisant travailler ensemble des jeunes de différents pays sur des sujets européens qui les touchent il est possible de leur faire vivre l'Europe et de combattre les tendances d'extrême droite et nationalistes.

COORDINATION / COORDINATION

Katholische Landjugend Bewegung e.V. - KLJB
RESP.: Roland Hansen
Drachenfelsstraße 23 • D - 53604 Bad Honnef • Deutschland
☎ + 49 2224 94650 • FAX: + 49 2224 946544 • E-mail: kljb-de@bionic.zerberus.de
bundesstelle@kljb.org • Internet: http://www.kljb.org

THE PARTNERS / LES PARTENAIRES

Katholieke Landelijke Jeugd, Leuven (Belgique)
Katholieke Plattelands Jongeren, Utrecht (Nederland)
Mouvement International de la Jeunesse Agricole et Rurale Catholique - MIJARC, Bruxelles (Belgique)

SUBSIDY GRANTED / SUBVENTION ACCORDÉE

ECU 3 906

IN A FEW WORDS...

Organisation of conferences and seminars for young people in rural areas as well as the production of written and audiovisual information material

EN BREF...

Organisation de conférences et de séminaires pour des jeunes en milieu rural et production de matériel d'information écrit et audiovisuel

TO KNOW MORE...

Three members of the European network 'Carrefour' carry out this project with the objective of informing young people in rural areas, especially young farmers and future agricultural entrepreneurs.

Six meetings are organised with lectures and workshops on the history and functioning of the EU institutions, the common agricultural policy, the euro and enlargement.

Brochures and other information material are collected in the form of information packs which are then distributed at the meetings.
These meetings are prepared in cooperation with rural youth organisations in order to make sure that the information delivered is of interest to the target group and is presented in an appropriate way.

During the project, an Internet page is created to exchange information and experiences.

Based on the results of the project, a newsletter entitled '*Journey through Europe*' is published and distributed through the Carrefour network, to pupils in rural schools and farmers' organisations, and also to EU officials and Members of the European Parliament.

POUR EN SAVOIR PLUS...

Trois membres du réseau européen «Carrefour» réalisent ce projet avec pour objectif d'informer les jeunes dans les zones rurales, notamment ceux qui s'apprêtent à reprendre une entreprise agricole.

Six réunions sont organisées, comprenant des conférences et des ateliers sur l'histoire et le fonctionnement des institutions de l'UE, la politique agricole commune, l'euro et l'élargissement.

Des brochures et autres matériels d'information sont distribués lors des réunions qui sont préparées en coopération avec les organisations de jeunesse rurale dans le souci d'adapter au mieux l'information diffusée aux intérêts du groupe cible.

En cours de projet, un site Internet est créé pour échanger informations et expériences.

Les résultats du projet sont consignés dans un bulletin intitulé «*Voyage à travers l'Europe*», distribué à travers le réseau Carrefour, au sein des écoles rurales et des organisations d'agriculteurs ainsi qu'aux fonctionnaires de l'Union européenne et aux membres du Parlement européen.

COORDINATION

COORDINATION

Bauernverband Mittlere Elbe e.V.
RESP.: Heinz Vierenklee
Burgwallstr. 40 • D - 06862 Rosslau • Deutschland
☎ + 49 34901 84036 • FAX: + 49 34901 84110 • E-mail: forum.rosslau@t-online.de

THE PARTNERS

LES PARTENAIRES

Carrefour, Wageningen (Nederland)
Carrefour Oberösterreich - Bildungszentrum St. Magdalena, Linz (Österreich)

SUBSIDY GRANTED

SUBVENTION ACCORDÉE

ECU 30 000

IN A FEW WORDS...

Organisation of conferences for young people living in rural areas

EN BREF...

Organisation de conférences pour les jeunes vivant en milieu rural

TO KNOW MORE...

In the course of this project, 146 information actions are carried out in rural areas.

The majority of these actions consist of conferences which aim to make young people in rural areas aware of the new European reality and of the impact of the European Union on their lives.

Organised in 39 municipalities, these actions affect more than 1 700 young people aged between 12 and 21 years old. The target group is composed of agricultural vocational school students, young people working in rural areas, environmental protection professionals as well as representatives of the youth sections of rural area associations.

The actions include the following topics:
- vocational training and employment;
- programmes such as Leonardo, PETRA, Lingua, Eurotecnet, FORCE, NOW;
- European institutions;
- European citizenship;
- Europe without frontiers;
- economic and monetary union;
- development of the rural regions;
- social rights in the EU;
- recognition of qualifications;
- exchange programmes and language teaching;
- environmental protection in the EU.

POUR EN SAVOIR PLUS...

Une série de 146 actions d'information en milieu rural est au cœur de ce projet.

Il s'agit pour la plupart de conférences qui veulent surtout sensibiliser les jeunes des zones rurales à la nouvelle réalité européenne et à la portée de l'Union européenne.

Organisées dans 39 municipalités, ces actions touchent plus de 1 700 jeunes de 12 à 21 ans. Ce sont, notamment, les élèves d'écoles professionnelles agricoles, des jeunes travaillant en milieu rural, des professionnels de l'environnement ainsi que les représentants des sections «jeunesse» des associations du milieu rural.

Au nombre des thèmes traités figurent:

- la formation professionnelle et l'emploi;
- les programmes Leonardo, PETRA, Lingua, Eurotecnet, FORCE, NOW;
- les institutions européennes;
- la citoyenneté européenne;
- l'Europe sans frontières;
- l'Union économique et monétaire;
- le développement des régions rurales;
- les droits sociaux dans l'UE;
- la reconnaissance des diplômes;
- les échanges et l'apprentissage des langues;
- la protection de l'environnement dans l'UE.

COORDINATION | COORDINATION

Federación Unión de Escuelas Familiares Agrarias - UNEFA
RESP.: Ana María Nieto Centeno
C/ General Oraá, 29 • E - 28006 Madrid • España
☎ + 34 1 4113211 • FAX: + 34 1 4116902

THE PARTNERS | LES PARTENAIRES

Associação Portuguesa para o Desenvolvimento Rural - A.P.D.R., Caldas da Rainha (Portugal)
Institut Européen de Coopération et de Développement - I.E.C.D., Paris (France)

SUBSIDY GRANTED | SUBVENTION ACCORDÉE

ECU 30 000

IN A FEW WORDS...

Organisation of an information campaign for young people in rural areas

TO KNOW MORE...

This project is targeted at young people living in rural regions of Spain, Portugal and France. It combines several information activities in over 40 towns and villages of these three countries.

A series of conferences is organised to raise young people's awareness of European integration and the impact of economic and social problems in Europe. The issues discussed are the European institutions and policies, the role of the EU in the field of employment and training, and its initiatives in favour of young people.

The publication of printed material, the production of radio programmes, and educational material designed to be used in schools and training centres complete this information campaign.

The project therefore brings information to young people which is not traditionally accessible to them because they live in rural areas.

EN BREF...

Organisation d'une campagne d'information destinée aux jeunes en milieu rural

POUR EN SAVOIR PLUS...

S'adressant aux jeunes des régions rurales en Espagne, au Portugal et en France, ce projet combine plusieurs activités d'information dans plus de 40 villes et villages des trois pays.

Une série de conférences est organisée pour sensibiliser les jeunes à la construction européenne et aux problèmes économiques et sociaux en Europe. Le programme des conférences concerne, notamment, les institutions et les politiques de l'Union européenne, son rôle dans le monde du travail et de la formation ainsi que ses initiatives pour les jeunes.

La production d'émissions de radio et l'édition de diverses publications complètent cette campagne d'information et de sensibilisation, de même que la conception de matériel didactique destiné aux écoles et aux centres de formation.

Le projet apporte ainsi aux jeunes habitant les zones rurales des moyens d'information qui, traditionnellement, sont uniquement disponibles dans les grandes villes.

COORDINATION | COORDINATION

Federación Unión de Escuelas Familiares Agrarias - UNEFA
RESP.: Ana María Nieto Centeno
C/ Général Oraá, 29 • E - 28006 Madrid • España
☎ + 34 1 4113211 • FAX: + 34 1 4116902

THE PARTNERS | LES PARTENAIRES

Associação Portuguesa para o Desenvolvimento Rural - A.P.D.R., Caldas da Rainha (Portugal)
Union Nationale des Maisons Familiales Rurales d'Education et d'Orientation
UNMFREO, Paris (France)

SUBSIDY GRANTED | SUBVENTION ACCORDÉE

ECU 20 000

IN A FEW WORDS...

Conference on urban development, youth and the future of Europe

EN BREF...

Conférence sur les villes, la jeunesse et l'avenir de l'Europe

TO KNOW MORE...

This conference on urban development, youth and the future of Europe, brings together approximately 350 delegates from the city councils of the network 'Eurocities'. The European Commission is also represented, as well as the Spanish and Catalan Government, the Youth Forum and other youth associations.

The conference has three objectives, the first of which is to evaluate the impact of European integration on the day-to-day life of young people.

Another issue is the role played by cities in European integration. Special attention is focused on problematic areas such as the environment, racial integration, the labour market, education, health and equal rights for men and women.

The third objective is to define the youth policy concerning Europe 2000.

POUR EN SAVOIR PLUS...

Cette conférence sur les villes, la jeunesse et le futur de l'Europe réunit à peu près 350 représentants des municipalités du réseau Eurocities, des associations de jeunesse de ces villes, du Youth Forum, de la Commission européenne ainsi que du gouvernement espagnol et catalan.

La conférence poursuit trois objectifs:

• évaluer l'impact de la construction européenne sur la vie des jeunes;

• examiner le rôle des villes dans la construction européenne. L'intérêt est focalisé, notamment, sur les domaines de l'environnement, de l'intégration raciale, de l'emploi, de l'éducation, de la santé et de l'égalité des droits entre les femmes et les hommes;

• définir la politique de jeunesse concernant Europe 2000.

COORDINATION

COORDINATION

Mairie de Barcelona
RESP.: Francesc Trillas, Immaculada Moraleda
C/ ciutat, 4 • 2° planta • E - 08002 Barcelona • España
☎ + 34 3 4023224 • FAX: + 34 3 4023234 • E-mail: rjdimp1@lix.intercom.es • Internet: www.bcn.es

THE PARTNERS

LES PARTENAIRES

Youth Forum, Bruxelles (Belgique)
Eurocities, Bruxelles (Belgique)

SUBSIDY GRANTED

SUBVENTION ACCORDÉE

ECU 22 000

IN A FEW WORDS...

Three conferences on the European Union

EN BREF...

Trois conférences sur l'Union européenne

TO KNOW MORE...

The project consists of three conferences with the aim of informing young people on the European Union, its history, institutions and policies. Particular attention is given to the Union's initiatives and programmes for young people, such as Leonardo, Socrates and Youth for Europe III.

Held in San Sebastian, Lisbon and Brussels, the three conferences also focus on the role of the regions in European integration, since each of these cities is the capital of a more or less autonomous region (Communidad Autónoma del País Vasco, Región de Lisboa y Valle del Tajo, Région Bruxelles-capitale).

Following the speeches given by invited experts and covering one of the above mentioned topics, there will be an opportunity to raise questions and discuss them with the experts.

In total, 300 young people coming from various cultural, social and educational backgrounds, participate in the three conferences. The project is evaluated by the use of a questionnaire.

POUR EN SAVOIR PLUS...

Le projet consiste en trois conférences pour informer les jeunes sur l'Union européenne, son histoire, ses institutions et ses politiques.

Un intérêt particulier est accordé aux initiatives et aux programmes de l'Union en faveur des jeunes, comme Leonardo, Socrates, «Jeunesse pour l'Europe III».

Se déroulant à San Sébastien, à Lisbonne et à Bruxelles, les conférences sont également axées sur le rôle des régions dans la construction européenne, chacune de ces villes étant au centre d'une région (Communidad Autónoma del País Vasco, Región de Lisboa y Valle del Tajo, région Bruxelles-capitale).

À la suite des exposés donnés par des experts et portant sur un des thèmes évoqués, les jeunes ont l'occasion de poser des questions et de dialoguer avec les spécialistes.

Au total, 300 jeunes venant de différents milieux sociaux, culturels et éducatifs assistent aux trois conférences. Le projet est évalué à l'aide d'un questionnaire.

COORDINATION

COORDINATION

Gaztearentzat Europako Informazioaren Euskal Zerbitzua
Servicio vasco de informacion europea para el joven
RESP.: Inaki Sanchez Diaz
Autonomia Kalea, 44 • E - 48010 Bilbao • España
☎ + 34 4 444 96 43 • FAX: + 34 4 410 04 48

THE PARTNERS

LES PARTENAIRES

Instituto Portugues da Juventude, Lisboa (Portugal)
Centre d'Information des Jeunes de la Région Vervietoise, Verviers (Belgique)

SUBSIDY GRANTED

SUBVENTION ACCORDÉE

ECU 21 800

IN A FEW WORDS...

Young people recreate the EU's decision-making process

EN BREF...

Des jeunes décident comme le font les institutions de l'UE

TO KNOW MORE...

This project aims to make young people experience the decision-making process within the institutions of the European Union.

Conferences are organised in Murcia, Montpellier and Faro, which are intended for secondary school teachers, covering the EU's institutions and their functions, the policies of the Union and its future perspectives.

At the same time, 200 young people aged between 15 and 17 years old are selected to take part in a series of workshops. These workshops are held by the teachers with the aim of improving the young people's knowledge about the issues mentioned.

The simulation of the decision-making process then starts. In each region, young people meet to form the Council of Ministers, the European Parliament and the European Commission.

Their task is to take a decision in a field concerning youth policy, following the same procedure as the European institutions.

The simulations are filmed in order to communicate the experiences to young people who did not take part in the project.

POUR EN SAVOIR PLUS...

Ce projet veut faire vivre à des jeunes le processus décisionnel au sein des institutions de l'Union européenne.

À cette fin, des conférences sont organisées à Murcia, à Montpellier et à Faro, destinées aux enseignant(e)s des écoles secondaires et portant sur ces institutions, leur fonctionnement, les politiques de l'Union ainsi que sur les enjeux de son l'avenir.

Parallèlement, 200 jeunes de 15 à 17 ans sont sélectionnés pour une série de journées de travail, au cours desquelles ils approfondissent, avec le soutien des enseignant(e)s, leurs connaissances par rapport aux thèmes évoqués.

Ensuite, la simulation du processus décisionnel commence. Dans chacune des régions, les jeunes se réunissent pour former le Conseil de ministres, le Parlement européen et la Commission européenne.

Leur tâche est de prendre une décision dans un domaine concernant la jeunesse, et ce selon la même procédure que suivent les institutions européennes.

Une vidéo est tournée pendant les simulations afin de communiquer les expériences aux jeunes n'ayant pas participé au projet.

COORDINATION

COORDINATION

Comunidad Autónoma de la Región de Murcia - Secretaría de Relaciones con la Unión Europea
RESP.: Ana Angeles Diaz Jiménez
Palacio de San Esteban c/ Acísclo Díaz • E - 30071 Murcia • España
☎ + 34 68 366046 • FAX: + 34 68 362163

THE PARTNERS

LES PARTENAIRES

Centre d'Animation, de Recherche et d'Information sur la Formation, Montpellier (France)
Instituto Portugues da Juventude, Faro (Portugal)

SUBSIDY GRANTED

SUBVENTION ACCORDÉE

ECU 27 031

CIFE

CONFÉRENCE INTERNATIONALE DES JEUNES POUR L'EUROPE (1995)

IN A FEW WORDS...

Organisation of a youth conference on the issue of the Intergovernmental Conference of 1996

EN BREF...

Organisation d'une conférence de jeunes sur le thème de la Conférence intergouvernementale de 1996

TO KNOW MORE...

This conference was organised in spring 1996, bringing together about a hundred young people to discuss aspects of the Intergovernmental Conference of 1996.

The participants come from all Member States of the EU and from some central and east European countries. They represent youth organisations, political party youth organisations, student associations and the youth sections of trade unions.

The conference aims to define young people's points of view on the future of the European Union.

During the conference, working groups are formed to discuss issues such as the reform of the institutions, enlargement, subsidiarity and the balance of competences within the EU, European citizenship and the Union's external policy.

Prior to the conference, participants receive documentation on these issues in order to encourage in-depth discussion at the meeting.

The conclusions of the conference are communicated to the media as well as to the European institutions.

POUR EN SAVOIR PLUS...

Se déroulant au printemps 1996, cette conférence réunit une centaine de jeunes autour du thème de la Conférence intergouvernementale de 1996.

Les participants viennent de tous les pays de l'Union européenne et de certains pays de l'Europe centrale et de l'Est, et représentent les mouvements de jeunesse, les sections jeunes des partis politiques, les associations d'étudiant(e)s et le mouvement syndical.

La conférence poursuit l'objectif de formuler les points de vue de la jeunesse quant à l'avenir de l'Union européenne.

Dans cette perspective, des groupes de travail sont formés pour discuter de la réforme des institutions, de l'élargissement, de la subsidiarité et de la répartition des compétences au sein de l'UE, de la citoyenneté européenne et de la politique extérieure de l'Union.

Pour permettre des débats approfondis, les participants reçoivent préalablement une documentation sur les thèmes concernés.

Les conclusions de la conférence sont communiquées aux médias ainsi qu'aux institutions européennes.

COORDINATION / COORDINATION

Centre International de Formation Européenne - CIFE
RESP.: Jean Lecach, Arnaud Marc-Lipiansky
10, Avenue des Fleurs • F - 06000 Nice • France
☎ + 33 4 92152121 • FAX: + 33 4 93371800 • E-mail: cife@webstore.fr
Internet: http://www.cife.org

THE PARTNERS / LES PARTENAIRES

Young European Federalists - JEF, Bruxelles (Belgique)
Centro Italiano di Formazione Europea, Roma (Italia)
Instituto Europeo de Estudios Superiores, Sevilla (España)
Europäisches Bildungsinstitut, Bonn (Deutschland)

SUBSIDY GRANTED / SUBVENTION ACCORDÉE

ECU 34 125

ARGOS

OUR AUDIENCE, THE YOUNG (1996)

IN A FEW WORDS...

Organisation of three conferences for young people on European issues

EN BREF...

Organisation de trois conférences sur l'Europe à destination d'un public jeune

TO KNOW MORE...

The cities of Argos (Greece), Tongeren (Belgium) and Roskilde (Denmark) are active members of the network 'Most ancient European towns'.

In the framework of this project, each of them organises a European information conference for young people aged 15 to 21 years.

Young representatives of each city working in the youth sector participate in the conferences.

Amongst the issues covered are, for example, European cultural heritage, the protection of environment in Europe, the creation of jobs for young people, the euro, enlargement and other items linked with European politics and the priorities of the European Union.

Experts with a scientific, political or cultural background are invited to present these issues.

Although the conferences are organised for a young audience, they are open to the general public. They not only represent a way of informing young people, but they also give the young participants a chance to make contacts and to get to know young people from other cities of the network.

POUR EN SAVOIR PLUS...

Les villes d'Argos (Grèce), de Tongeren (Belgique) et de Roskilde (Danemark) sont membres du réseau «Les villes les plus anciennes d'Europe».

Dans le cadre de ce projet, elles organisent chacune une conférence d'information européenne à destination d'un public jeune de 15 à 21 ans.

De jeunes représentants de chaque ville, travaillant dans le domaine de la jeunesse, participent à ces conférences.

Le programme porte, notamment, sur l'héritage culturel européen, la protection de l'environnement, la création d'emplois pour les jeunes, l'euro, l'élargissement et autres thèmes liés aux politiques et aux priorités de l'Union européenne.

Ces thèmes sont traités par des experts invités venant du monde scientifique, politique et culturel.

Organisées pour un public jeune, les conférences sont aussi ouvertes au grand public. Elles représentent non seulement un moyen d'informer les jeunes, mais sont également une occasion pour eux de nouer des contacts et de faire connaissance avec les jeunes des autres villes du réseau.

COORDINATION

COORDINATION

City Hall of Argos & Denaar - municipal enterprise for Youth and Sports
RESP.: Thodoris Vassilopoulos, Tom Vassilopoulos
2, Danaou str • GR - 21200 Argos • Ellas
☎ + 30 751 62143/23740 • FAX: + 30 751 62143/23506 • E-mail: dhmargos@hol.gr
Internet: http://www.argos.hol.gr/argolis/argos/argos.html

THE PARTNERS

LES PARTENAIRES

The following cities / Les villes suivantes:
Tongeren (Belgique)
Roskilde (Danmark)

SUBSIDY GRANTED

SUBVENTION ACCORDÉE

ECU 20 000

IN A FEW WORDS...

Organisation of a conference for about 200 young people

EN BREF...

Organisation d'une conférence pour environ 200 jeunes

TO KNOW MORE...

The objective of this project is to bring together about 200 young people from Leeds and its twin cities Lille, Dortmund and Brno for a conference in Leeds. This conference is also the launch event of the 'Europe week' in Leeds.

The conference deals with the European Union and the impact of its policies on the everyday life of young people, as well as the EU's ways of tackling youth unemployment and social exclusion.

Young people under 25 years of age are the target of this action.

The conference participants hear speeches from distinguished figures in European political life and can participate in five workshops.

By showing the EU's impact on the life of young people, the project aims to increase the visibility of the EU amongst young people and therefore to reduce Euro-scepticism and misinformation.

POUR EN SAVOIR PLUS...

L'objectif de ce projet est de réunir en février 1998, lors d'une conférence à Leeds, environ 200 jeunes venant de Leeds et de ses villes jumelées, Lille, Dortmund et Brno. Cette conférence marque le début de la «Semaine Europe» se déroulant également à Leeds.

La conférence porte sur l'Union européenne, sur l'impact de ses politiques sur la vie quotidienne des jeunes ainsi que sur les moyens dont dispose l'UE pour combattre le chômage des jeunes et l'exclusion sociale.

Le public cible est composé exclusivement de jeunes ayant moins de 25 ans.

Des personnalités éminentes de la scène politique européenne sont présentes et donnent des discours lors de la conférence. Les thèmes sont ensuite approfondis au sein de cinq ateliers.

En montrant l'impact de l'Union européenne sur la vie des jeunes, le projet veut faire prendre conscience aux jeunes de la présence de l'UE et, par conséquent, combattre l'euroscepticisme et l'information erronée.

COORDINATION

COORDINATION

Leeds City Council
RESP.: Adrian Strain, Karin Murgatroyd
Civic Hall • UK - LS1 1UR Leeds • United Kingdom
☎ + 44 113 24744-84/-76 • FAX: + 44 113 24744-94 • E-mail: Karin.murgatroyd@leeds.gov.uk

THE PARTNERS

LES PARTENAIRES

Ville de Lille - Service des jumelages, Lille (France)
Stadt Dortmund, Dortmund (Deutschland)
City of Brno, Brno (Czech Republic/République Tchèque)
Centre for European Studies - University of Leeds, Leeds (United Kingdom)

SUBSIDY GRANTED

SUBVENTION ACCORDÉE

ECU 5 480

CONTRIBUTION OF LOCAL PRESS AND MASS MEDIA TO THE COMBAT AGAINST RACISM AND XENOPHOBIA (1997)

IN A FEW WORDS...

Organisation of a one-day conference for journalism students

EN BREF...

Organisation d'une conférence d'un jour pour étudiant(e)s en journalisme

TO KNOW MORE...

This project intends to raise young people's awareness of the fight against racism and xenophobia.

This is achieved through a one-day conference which is organised in Athens. The conference is targeted at students of journalism, as they represent the future leaders of public opinion. They come not only from Greece and the partner countries, but also from other Balkan countries.

The conference, which is also open to local citizens, includes lectures given by representatives of the European Commission and distinguished journalists. Film projections are also on the programme.

POUR EN SAVOIR PLUS...

Ce projet veut sensibiliser les jeunes à l'importance de la lutte contre le racisme et la xénophobie.

Dans cette perspective, une conférence d'un jour est organisée à Athènes. Le groupe cible de la conférence sont des étudiant(e)s en journalisme. Ces jeunes, qui sont les futurs *leaders* de l'opinion publique, viennent non seulement de Grèce et des pays partenaires, mais aussi d'autres pays des Balkans.

Ouverte également aux citoyens locaux, la conférence comprend l'intervention de représentants de la Commission européenne ainsi que de journalistes de renom. Des projections de films sont également au programme.

COORDINATION

COORDINATION

European Enterprise Organization EEO Group S.A.
RESP.: Eleni Dimitrelou
Kodrigtonos 8 • GR - 11257 Athínai • Ellas
☎ + 301 8223656/8838548 • FAX: + 301 8821803 • E-mail: info@iek-akmi.gr

THE PARTNERS

LES PARTENAIRES

European Foundation for Social Partnership and Continuing Training Initiatives Ltd, Salford (United Kingdom)
Regards-Conseil, Lille (France)
Akmi Institute of Vocational Training, Athínai (Ellas)
Association of European Journalists - Greek Section, Athínai (Ellas)

SUBSIDY GRANTED

SUBVENTION ACCORDÉE

ECU 19 000

IN A FEW WORDS...

A mobile information campaign

TO KNOW MORE...

The aim of this project is to bring Europe to young people in rural areas.

On board a 'Euro mobile-bus', a team of youth workers and youngsters travel through various regions of the EU, organising information events and discussions with young people on European issues.

The bus offers a range of facilities: films on European culture and identity, specialities from different regions and States and 'Theatre Europe' - supervised by a drama teacher - provides the opportunity to create short plays or dramas based on the visions of young people on a Europe of the citizens.

The team on board - young people from Member States - is on hand to discuss topics such as the situation of young people in their native countries (education, jobs, etc.) and the possibilities for studying and living abroad and exchange programmes.

EN BREF...

Une campagne d'information mobile

POUR EN SAVOIR PLUS...

L'objectif de ce projet est de rapprocher de l'Europe les jeunes en milieu rural.

À bord du bus «*Euro Mobile*», une équipe d'animateurs et de jeunes voyage à travers différentes régions d'Europe, organisant des actions d'information et des discussions avec des jeunes sur des thèmes liés à l'Europe.

Le bus offre également d'autres outils: des films sur la culture et l'identité européenne ainsi qu'un stock de spécialités de différentes régions que l'on peut déguster. Sous l'égide d'un professeur de théâtre, l'atelier «Théâtre Europe» permet aux jeunes d'écrire des pièces exprimant leurs visions de l'Europe des citoyens.

L'équipe à bord du bus est composée de jeunes de différents États membres, qui peuvent informer sur la situation des jeunes dans leur pays d'origine (système scolaire, emploi, etc.), sur les possibilités d'étudier ou de vivre à l'étranger et sur les programmes d'échanges.

COORDINATION | COORDINATION

Katholische Landjugend Bewegung e.V. - KLJB
RESP.: Jürgen Juchem, Peter Schardt
Drachenfelsstraße 23 • D - 53604 Bad Honnef • Deutschland
☎ + 49 2224 94650 • FAX: + 49 2224 946544
E-mail: kljb-de@bionic.zerberus.de • bundesstelle@kljb.org • Internet: http://www.kljb.org

THE PARTNERS | LES PARTENAIRES

Katholische Jugend Land Österreich - KJLÖ, Wien (Österreich)
Katholische Landjugend Ostbelgien, Eupen (Belgien)
MIJARC EUROPE, Bruxelles (Belgique)

SUBSIDY GRANTED | SUBVENTION ACCORDÉE

ECU 14 895

IN A FEW WORDS...

An information bus tour through 11 European countries

EN BREF...

Une tournée d'information en bus à travers onze pays européens

TO KNOW MORE...

An eye-catching bus with information material onboard goes on an information tour through 11 European countries.

The theme of the workshops and the activities taking place around the bus is 'The future of Europe'.

Inside the bus there is space to welcome young people and other visitors, and to hold workshops to produce texts and to design posters.

The bus also houses the technical equipment necessary to reproduce the texts and to transform them into posters or brochures.

Through the use of mobile fax machines and telephones, young people can also get in touch directly with the relevant people and services within the European institutions by sending them their texts and expressing their ideas and hopes for the future of Europe.

During the preparation of the project, contacts are established with other organisations in the countries visited by the bus in order to carry out common actions with these organisations.

POUR EN SAVOIR PLUS...

Faisant un tour d'information, un bus au *design* captant l'attention et chargé de matériel d'information sillonne les routes de onze pays européens.

Les actions et ateliers réalisés autour du bus portent sur le thème de «L'avenir de l'Europe».

À l'intérieur du bus, un espace est aménagé pour accueillir les jeunes et autres visiteurs du bus, pour discuter avec eux et organiser des ateliers consacrés à produire des textes et à préparer des affiches.

Une partie du bus est occupée par les installations techniques nécessaires pour reproduire les textes, pour en faire des affiches ou des dépliants.

Grâce aux moyens de télécommunication du bus, les jeunes peuvent aussi entrer en contact direct avec des responsables au niveau européen et avec les services des institutions européennes pour leur communiquer leurs textes, leurs idées et leurs souhaits concernant l'avenir de l'Europe.

Dans la phase préparatoire du projet, des contacts sont noués avec d'autres organisations dans les pays que traverse le bus, ce qui permet de réaliser des actions communes avec ces organisations.

COORDINATION / COORDINATION

Vereniging Loesje
RESP.: J.A. Verschure
Jansplein, 52 • NL - 6811 GD Arnhem • Nederland
☎ + 31 26 4437724 • FAX: + 31 26 4439422 • E-mail: loesje@loesje.org • Internet: http://www..loesje.org

THE PARTNERS / LES PARTENAIRES

Föreningen Loesje Sverige, Linköping (Sverige)
Loesje Deutschland, Bremen (Deutschland)

SUBSIDY GRANTED / SUBVENTION ACCORDÉE

ECU 20 000

IN A FEW WORDS...

An information tour by minibus on European employment policy after the Intergovernmental Conference of 1996

EN BREF...

Une tournée d'information en minibus portant sur la politique européenne de l'emploi après la Conférence intergouvernementale de 1996

TO KNOW MORE...

The project consists of an information campaign aiming to raise awareness amongst young people about the EU and to provide them with information about European employment opportunities.

A minibus manned by an international team embarks on a tour through Austria, Italy, Germany, Belgium and the Netherlands.

At approximately 50 locations in various towns and regions in the participating countries, information events organised by the local cooperation partners take place around the bus.

Before going on tour, the minibus team attends a special training seminar where they receive information about the history, structures and policies of the EU and learn about EU employment initiatives.

The outcome of the tour will be presented in June 1997 at the European Council in Amsterdam.

POUR EN SAVOIR PLUS...

Le projet consiste en une campagne d'information avec deux objectifs: d'une part, renforcer la sensibilité des jeunes pour l'Europe et, d'autre part, informer les jeunes sur la dimension européenne de l'emploi.

Un minibus, avec à son bord une équipe internationale de jeunes, sillonne les routes d'Allemagne, d'Autriche, d'Italie, de Belgique et des Pays-Bas, s'arrêtant à divers endroits.

Lors de ces arrêts, des actions d'information (stands d'information, débats...) sont organisées en coopération avec des partenaires locaux.

Avant le début de la campagne, lors d'un séminaire à Vienne, l'équipe du bus reçoit une formation de base sur l'Union européenne, son histoire, son fonctionnement et ses politiques, notamment dans le secteur de l'emploi.

Les résultats de ce tour sont présentés en juin 1997 à l'occasion du Conseil européen à Amsterdam.

COORDINATION

COORDINATION

Europazentrum Wien
RESP.: Philipp Agathonos
Fleischmarkt 19 • A - 1010 Wien • Österreich
☎ + 43 1 5333290 • FAX: + 43 1 533294492 • E-mail: europazentrum@blackbox.at

THE PARTNERS

LES PARTENAIRES

Local sections of JEF in five EU Member States /
Des sections locales du JEF dans cinq États membres de l'UE.

SUBSIDY GRANTED

SUBVENTION ACCORDÉE

ECU 25 000

IN A FEW WORDS...

Competition for young Greeks living in Greece and in other EU Member States

TO KNOW MORE...

This project consist of a competition open to young Greeks aged 9 to 16 living in Greece or in other countries of the European Union.

The partner institutions advertise the competition through their information channels in order to reach the target group.

The youngsters are invited to send in texts or artistic contributions expressing their dreams and ideas concerning a united Europe.

Travel vouchers, books and records are given as prizes, and each competitor receives a participation certificate.

The works received for the competition are shown in Athens and other European capitals.

As a follow-up to the competition, the winners are invited for a meeting allowing them to get to know each other and to exchange ideas. A meeting with representatives of European associations and teachers' associations are also part of the project.

EN BREF...

Concours pour jeunes grecs habitant en Grèce et dans d'autres États membres de l'UE

POUR EN SAVOIR PLUS...

Ce projet consiste en un concours s'adressant aux jeunes grecs de 9 à 16 ans qui habitent en Grèce et dans d'autres pays de l'Union européenne.

À travers leurs réseaux d'information, les partenaires font connaître le concours au groupe cible.

Les jeunes sont invités à exprimer, par un travail écrit ou artistique, leurs rêves et leurs idées concernant une Europe unie.

Des voyages, des livres et des disques sont décernés aux lauréats. Chaque participant au concours reçoit également un certificat de participation.

Les œuvres réalisées dans le cadre du concours sont exposées à Athènes et dans d'autres capitales européennes.

Pour assurer un suivi au concours, les lauréats sont invités à se rencontrer pour faire connaissance et pour échanger des idées. Une rencontre entre les jeunes et des représentants d'associations européennes et d'enseignant(e)s fait également partie du projet.

COORDINATION / COORDINATION

Centre Européen de Communication et d'Information
RESP.: Rodi Kratsas-Tsagaropoulou, Hélène Scarveli
34, rue Voucourestiou • GR - 106-71 Athínai • Ellas
☎ + 30 1 3647408 • FAX: + 30 1 3633835

THE PARTNERS / LES PARTENAIRES

The Greek Ministry of Education / Le Ministère grec de l'éducation
The Secretary General of Greeks abroad / Le Secrétariat général des Grecs à l'étranger
The Greek embassies of the EU / Les ambassades grecques de l'UE
The Greek media / les médias grecs
Several associations in Greek régions / Plusieurs associations dans différentes régions grecques
National Greek Tourist Office / Office National du Tourisme Grec

SUBSIDY GRANTED / SUBVENTION ACCORDÉE

ECU 7 690

EUROPLAY PEER EDUCATION AND INFORMATION PROJECT (1995)

IN A FEW WORDS...

Theatre performances concerning European issues

EN BREF...

L'Europe à travers le théâtre

TO KNOW MORE...

The initiators of this project want to provide information and encourage dialogue and discussion on the role and influence of Europe, its institutions and priorities among young people from disadvantaged communities through the medium of theatre.

To reach this target group, the initiators mix the concepts of theatre animation and peer-group training.

A group of young people experienced in the arts is trained on European issues enabling them to present European themes to other young people in rural settings. This 'CoreEuroPlay Team' develops a number of theatre performances related to EU issues.

This results in the creation of a series of discussion-stimulating theatre performances, the 'Europlay outreach programmes', which are put on stage in different Irish communities to raise awareness of European topics.

By giving young people the opportunity to express themselves in a creative way, the project helps them to develop their own viewpoints on European issues.

POUR EN SAVOIR PLUS...

Le théâtre comme moyen de faire passer des thèmes européens: les initiateurs veulent fournir des informations et encourager la discussion parmi des jeunes de milieux défavorisés sur le rôle et l'influence de l'Europe, sur ses institutions et sur ses priorités.

Pour atteindre ce groupe cible, le projet fait appel à l'expression théâtrale et s'appuie sur l'idée que l'information passe mieux auprès des jeunes si elle est formulée par eux-mêmes.

Ainsi, un groupe de jeunes expérimentés dans l'expression artistique est formé sur des thèmes européens, leur permettant de présenter ces thèmes à d'autres jeunes habitant des zones rurales. Cette équipe monte un certain nombre de pièces de théâtre relatifs à divers aspects de l'Union européenne.

Cette série de spectacles est mise en scène dans différentes communautés irlandaises afin de stimuler la discussion et la prise de conscience des jeunes par rapport à l'intégration européenne.

Donnant ainsi aux jeunes l'occasion de s'exprimer d'une manière créative, le projet les aide à développer leurs propres points de vue sur les questions européennes.

COORDINATION

COORDINATION

YouthAction Northern Ireland
RESP.: Brian Draine
Hampton, Glenmachan Park • Co. Antrim • UK - BT4 2PJ Belfast • United Kingdom
☎ + 44 1232 760067 • FAX: + 44 1232 768799 • E-mail: YouthAction@dnet.co.uk

THE PARTNERS

LES PARTENAIRES

't Jeugdwerk, Amsterdam (Nederland)
National Youth Federation, Dublin (Ireland)

SUBSIDY GRANTED

SUBVENTION ACCORDÉE

ECU 29 022

MAASTRICHT - TURIN - JEUNES (1996)

IN A FEW WORDS...

Young artists express their views on the Intergovernmental Conference of 1996 through creative means

EN BREF...

De jeunes artistes expriment leurs points de vue sur la Conférence intergouvernementale de 1996 à travers une approche créative

TO KNOW MORE...

This project aims to make young people in Turin, Marseilles, Lisbon and Strasbourg aware of the importance of the Intergovernmental Conference of 1996.

A preparatory meeting in Turin brings together young artists, teachers and youth workers from the four cities to discuss the issues to be dealt with and to define the actions to be organised in each city.

The project is based on a creative approach allowing young people to express themselves through the language of theatre, poetry, painting, film and audiovisual animation, etc.

Workshops and actions using these forms of expression are then organised in Turin, Marseilles, Lisbon and Strasbourg.

A seminar in Lisbon then focuses on an evaluation of these actions and on the preparation of a common presentation event in the framework of the festival 'Scuola Super', organised by the city of Turin in April 1997.

The final evaluation seminar takes place in Marseilles.

POUR EN SAVOIR PLUS...

Ce projet veut inciter les jeunes de Turin, de Marseille, de Lisbonne et de Strasbourg à réfléchir sur les enjeux de la Conférence intergouvernementale de 1996.

Un séminaire préparatoire à Turin, réunissant de jeunes artistes, des enseignant(e)s et des animateurs des quatre villes, définit les thèmes à traiter et les actions à mener dans chaque ville.

La méthode du projet consiste à favoriser l'expression des jeunes à travers un langage créatif: le théâtre, la poésie, l'expression graphique et picturale, le cinéma, l'audiovisuel, etc.

Des actions utilisant ces modes d'expression sont alors lancées à Turin, à Marseille, à Lisbonne et à Strasbourg.

À Lisbonne, un séminaire est ensuite consacré à évaluer ces actions et à préparer leur présentation commune à Turin, lors d'un *happening* dans le cadre de la manifestation «Scuola Super» organisée par la ville de Turin en avril 1997.

L'évaluation finale du projet est faite lors d'un séminaire à Marseille.

COORDINATION

COORDINATION

Città di Torino
RESP.: Rosanna Balbo
Via Assarotti, 2 • I - 10122 Torino • Italia
☎ + 39 11 4424998 / 4424936 • FAX: + 39 11 5613053

THE PARTNERS

LES PARTENAIRES

The following cities / Les villes suivantes:
Lisboa (Portugal)
Marseille (France)
Strasbourg (France)

SUBSIDY GRANTED

SUBVENTION ACCORDÉE

ECU 25 000

IN A FEW WORDS...

Young artists express their views on the fight against racism and xenophobia creatively

TO KNOW MORE...

The success of the first edition of 'Maastricht - Turin - Jeunes' (see page 46) encouraged the initiators of the project to launch a second edition focusing on the fight against racism and xenophobia.

The elements that proved to be efficient in the first project also characterise the second edition: the cooperation between Turin, Marseilles, Strasbourg and Lisbon; the active involvement of young artists, teachers and youth workers from these cities and the creative approach concerning the theme of the project.

As the cooperation between the partners is well established from the first project, fewer resources have to be spent on preparation and coordination procedures, allowing for an increase in the number of young people involved.

The actions organised in each city on the issue of racism and xenophobia are presented during an event within the framework of the World Exhibition 1998 in Lisbon.

EN BREF...

De jeunes artistes expriment leurs points de vue sur la lutte contre le racisme et la xénophobie à travers une approche créative

POUR EN SAVOIR PLUS...

Fort du succès de la première édition de «Maastricht - Turin - Jeunes» (voir page 46), les initiateurs de ce projet ont décidé de consacrer une deuxième édition au thème de la lutte contre le racisme et la xénophobie.

Cette nouvelle édition garde les éléments qui se sont révélés efficaces lors du premier projet: la coopération entre les villes de Turin, de Marseille, de Strasbourg et de Lisbonne, l'implication active de jeunes artistes, d'enseignant(e)s et d'animateurs de ces villes, l'approche créative concernant le traitement du thème retenu.

La coopération entre les partenaires étant bien rodée depuis le premier projet, moins de ressources doivent être consacrées aux procédures de préparation et de concertation lors du présent projet, permettant d'augmenter le nombre de jeunes impliqués.

Les actions menées au sein de chaque ville sur le thème du racisme et de la xénophobie sont présentées lors d'un *happening* dans le cadre de l'exposition mondiale de 1998 à Lisbonne.

COORDINATION | COORDINATION

Città di Torino
RESP.: Rosanna Balbo
Via Assarotti, 2 • I - 10122 Torino • Italia
☎ + 39 11 4424998 / 4424936 • FAX: + 39 11 5613053

THE PARTNERS | LES PARTENAIRES

The following cities / Les villes suivantes:
Lisboa (Portugal)
Marseille (France)
Strasbourg (France)

SUBSIDY GRANTED | SUBVENTION ACCORDÉE

ECU 20 000

IN A FEW WORDS...

Organisation of workshops and other information activities on European issues in schools

TO KNOW MORE...

In the course of this project, several information actions are organised in order to increase awareness about European citizenship amongst the pupils of the participating schools and amongst youngsters of other schools.

The core activities during the project are eight school workshops dealing with issues such as European citizenship, the Union's institutions and policies, the Intergovernmental Conference of 1996, the euro and enlargement.

To increase the impact of the workshops and to allow a different approach of the issues treated, the pupils also create a theatre performance on the EU and can participate in the creation of a comic entitled '*Know your Union*'.

The installation of computerised information points on the European Union in the schools and the organisation of a drawing competition and a short story competition on the question 'What is the EU for you? ' complete the information campaign.

Through the publication of articles on the 'European' workshops in the pupils' magazine '*Menos 20*', the project reaches not only those pupils actively involved, but also some 45 000 pupils in other schools.

EN BREF...

Organisation dans des écoles d'actions d'information et d'ateliers sur des thèmes européens

POUR EN SAVOIR PLUS...

Dans le cadre de ce projet, différentes actions d'information sont mises en œuvre afin de sensibiliser davantage les jeunes des écoles participantes ainsi que d'autres élèves à la création de l'Europe des citoyens.

Au cœur du projet, il y a huit ateliers scolaires, sur des thèmes tels que la citoyenneté européenne, les institutions de l'Union, ses politiques, la Conférence intergouvernementale de 1996, l'euro ou l'élargissement.

Pour renforcer l'impact des ateliers et pour approfondir les thèmes d'une autre manière, les élèves montent également une pièce de théâtre sur l'UE et participent à l'édition d'une bande dessinée intitulée «*Connais ton Union*».

L'aménagement dans les écoles de points d'information informatisés sur l'Union européenne s'ajoute à ces actions, de même que l'organisation d'un concours de dessins et de narrations sur la question «Qu'est-ce que l'UE est pour vous?».

Par la publication d'articles sur les ateliers «européens» dans le journal pour élèves «*Menos 20*», le projet touche, au delà des jeunes activement impliqués, environ 45 000 élèves d'autres établissements.

COORDINATION | COORDINATION

Cooperación Internacional
RESP.: Antonio Núñez Martín
C/Rios Rosas, 44A, 3°C • E - 28003 Madrid • España
☎ + 34 1 5330500 • FAX: + 34 1 5334231 • E-mail: ciemad@servicom.es
Internet: http://www.exponet.es/icnet

THE PARTNERS | LES PARTENAIRES

Colegio Retamar, Pozuelo (España)
Rockbrook Park School, Dublin (Ireland)
Scuola Elis, Roma (Italia)

SUBSIDY GRANTED | SUBVENTION ACCORDÉE

ECU 22 090

THE STAFFORDSHIRE EUROPEAN INFORMATION PROJECT - S.E.I.P. (1995)

IN A FEW WORDS...

Establishing cooperation between local youth groups via the Internet

EN BREF...

Établir une coopération entre groupes de jeunes via Internet

TO KNOW MORE...

This project aims to link, via the Internet, local groups of young people in the participating countries in order to enhance the already existing cooperation and exchange between the organisations involved.

To achieve this, a local group composed mainly of young people aged 15 to 25 is created by each organisation. They are supported by representatives of the organisations involved and by representatives of the local school.

The youngsters participating are chosen by each organisation according to their interest in foreign languages, information technology, politics and young people's issues.

Their task is to set up at each location a computer database dealing with local, national and European issues from a local youngster's perspective.

The local databases are linked through the Internet to facilitate discussion between the steering groups so that work of a collaborative nature and issues of mutual interest can be addressed. The local groups with their computer equipment are open to all young people in the local community.

POUR EN SAVOIR PLUS...

Ce projet poursuit l'objectif de relier, via Internet, des groupes locaux de jeunes dans les pays participant afin de renforcer la coopération et l'échange déjà pratiqués entre les organisations impliquées.

Pour y parvenir, un groupe local de jeunes de 15 à 25 ans est constitué par chaque organisation. Ces groupes sont soutenus par des représentants des organisations impliquées et par des représentants de l'établissement scolaire local.

Les jeunes participants sont choisis en fonction de leur intérêt pour les langues étrangères, l'informatique, la politique et le domaine de la jeunesse.

Leur tâche est de mettre en place, selon leur perspective, une base de données informatisée locale sur des thèmes locaux, nationaux et européens.

La connexion réciproque, via Internet, de ces bases de données locales facilite l'échange de vues entre les groupes locaux, permettant ainsi de développer la coopération et un échange entre les jeunes concernant les thèmes qui les préoccupent. Les groupes locaux et leur équipement informatique sont accessibles à tous les jeunes de la ville

COORDINATION / COORDINATION

Staffordshire Youth & Community Education Service
RESP.: Robert Marsh
Education Offices • Tipping Street • UK - ST16 2DH Stafford • United Kingdom
☎ + 44 1785 278780 • FAX: + 44 1785 278764 • E-mail: BOB.MARSH@STAFFORDSHIRE.GOV.UK

THE PARTNERS / LES PARTENAIRES

Area de Juventud y Deporte, Granada (España)
Direction Départementale de la Jeunesse et des Sports de la Creuse, Gueret (France)
Nine organisations and establishments in/
Neuf organisations et établissements à: Staffordshire (United Kingdom).

SUBSIDY GRANTED / SUBVENTION ACCORDÉE

ECU 32 000

IN A FEW WORDS...

Via Internet communication young people organise a European conference

TO KNOW MORE...

This project aims to make young people from ethnic minority groups of London, Berlin and Dublin aware of the idea of the people's Europe and inform them about the EU.

The objective is to enable the young participants to organise a conference on Europe in London.

To achieve this goal, the young people are trained to use the Internet; the principal communication tool between the three groups.

In each country, young people then organise debates on European topics, communicating the themes and the results of these debates to the other groups.

In addition, each group produces a presentation (video, etc.) showing their way of life within their communities and their points of view about a particular European theme.

Suggestions for the conference, its programme and how to include the presentations of each group are then made and agreed upon by the young people themselves.

After the conference, the experiences and the information material collected during the project are disseminated to other youth organisations.

EN BREF...

Communicant par Internet, des jeunes organisent une conférence européenne

POUR EN SAVOIR PLUS...

S'adressant à des jeunes issus de groupes ethniques minoritaires de Londres, de Berlin et de Dublin, ce projet veut les sensibiliser à l'idée de l'Europe des citoyens et faire connaître l'UE.

Les jeunes participants ont pour objectif d'organiser une conférence à Londres sur l'Europe.

Pour ce faire, ils suivent une formation les initiant à Internet, l'outil de communication principal entre les trois groupes.

Dans chaque pays, les jeunes organisent ensuite des débats sur des thèmes européens, communicant les thèmes et les résultats de ces débats aux autres groupes.

Chaque groupe réalise, en outre, une présentation (vidéo ou autre) montrant la façon de vivre de leurs communautés respectives et leur point de vue par rapport à un thème européen particulier.

Par la suite, les trois groupes définissent via Internet les thèmes pour la conférence, les éléments du programme et comment intégrer les présentations de chaque groupe.

Après la conférence, les expériences et le matériel de présentation recueillis au cours du projet sont diffusés auprès d'autres organisations de jeunes.

COORDINATION | COORDINATION

London Borough of Tower Hamlets
RESP.: Anne-Marie Clark
Mulberry Place, Clove Crescent, 5 • UK - E14 2BG London • United Kingdom
☎ + 44 171 3644065 • FAX: + 44 171 3644267 • E-mail: amclark@pipex.dial.com

THE PARTNERS | LES PARTENAIRES

National Youth Council Ireland, Dublin (Ireland)
Alte Feuerwache e.V., Berlin (Deutschland)

SUBSIDY GRANTED | SUBVENTION ACCORDÉE

ECU 30 000

II

Creating information tools

Créer des outils d'information

IN A FEW WORDS...

Contest for young people writing articles, followed by conferences and workshops to publish a magazine

EN BREF...

Concours pour jeunes auteurs, suivi de conférences et d'ateliers menant à la publication d'un magazine

TO KNOW MORE...

The aim of the project is to publish three editions of the magazine '*Das Haus-La Maison-The House*' all focusing on the theme of the future development of Europe.

Published in three languages, the magazine is based on a European network of pupils and students with editorial teams in 12 EU Member States, the EFTA countries and countries of central and eastern Europe. Made by youngsters for youngsters, the magazine is distributed through a network of schools and universities, each edition counting 10 000 copies.

All across Europe, the readers are invited to write articles about one of the following themes: 'Democracy-Hypocrisy?', 'Lights and shadows of southern Europe' and 'Towards a single European currency?'

The authors of the best articles participate in the editorial work of one edition. The editorial work is done in several workshops and conferences, where the youngsters can exchange points of view and discuss them with experts.

POUR EN SAVOIR PLUS...

Le but du projet est de consacrer trois éditions de la revue trilingue «*Das Haus - La Maison - The House*» au développement futur de l'Europe.

Fondée sur un réseau européen d'élèves et d'étudiant(e)s, la revue dispose de rédactions dans douze pays de l'UE, dans les pays de l'AELE ainsi que dans les États de l'Europe centrale et de l'Est. Faite par des jeunes et pour des jeunes, elle est diffusée à 10 000 exemplaires à travers un réseau d'écoles et d'universités.

Partout en Europe, les lecteurs sont invités à rédiger des articles sur un des thèmes suivants: «Démocratie - Hypocrisie?», «Lumières et ombres de l'Europe du Sud» et «Vers une monnaie unique européenne?».

Les auteurs des meilleurs articles participent à l'édition de la revue. Réunis lors d'une conférence sur les thèmes en question, les jeunes peuvent échanger leurs points de vue, discuter avec des experts, et élaborer, au sein de différents ateliers, l'édition de la revue.

COORDINATION

COORDINATION

Das Haus - La Maison - The House
RESP.: Christiane Beyer
Heuwieser Str. 1 • C/o Akademisches Auslandsamt • D - 94032 Passau • Deutschland
☎ + 49 851 54123 • FAX: + 49 851 5091102 (attn. The House) • E-mail: das.haus@uni-passau.de

THE PARTNERS

LES PARTENAIRES

Das Haus - La Maison - The House in / à:
Manresa (España)
Newport/Gwent (United Kingdom)
Nevers (France)
Örebro (Sverige)
Bucuresti (Romania/Roumanie)

SUBSIDY GRANTED

SUBVENTION ACCORDÉE

ECU 15 000

IN A FEW WORDS...

Improving a magazine for twinned schools

EN BREF...

Améliorer un magazine pour écoles jumelées

TO KNOW MORE...

The project is based on the result of the first European School Twinning Conference in which schools from all over Europe participated. Following this conference, the magazine *'Euro Youth'* was created to promote communication between the participating schools and other interested establishments.

Each issue of the magazine is coordinated by a different school from the network, with the articles focusing on one central theme.

Two compilations of these articles have been printed as special supplements in the European magazine *'Context'*.

The aim of this project is to improve and professionalise the publication and printing processes of the *'Euro Youth'* magazine.

In order to guarantee the future financial independence of the publication, a subscription strategy is also set up in the course of the project.

The four issues produced during the project period are published not only as a full text but also as a compilation in the magazine *'Context'*.

POUR EN SAVOIR PLUS...

Le projet est fondé sur le résultat de la première conférence européenne des écoles jumelées qui réunissait des écoles de toute l'Europe. À la suite de cette conférence, la revue «*Euro Youth*» a été créée pour promouvoir la communication entre les écoles participantes et d'autres établissements intéressés.

À tour de rôle, chaque école du réseau prend en charge la coordination de l'édition d'un numéro de la revue. Les articles de chaque édition sont axés sur un thème central.

Une compilation de ces articles a été éditée à deux reprises comme supplément spécial de la revue européenne «*Context*».

Le but de ce projet est d'améliorer et de professionaliser l'édition et l'impression d'«*Euro Youth*».

Afin de garantir à l'avenir l'indépendance financière de la revue, un système d'abonnements est établi.

Les quatre numéros édités au cours du projet sont publiés en version intégrale, et également sous forme de compilation dans la revue «*Context*».

COORDINATION

COORDINATION

Interchurch Peace Council - IKV
RESP.: Cees Volwater
POBox 85893 • NL - 2508 CN Den Haag • Nederland
☎ + 31 70 3507100 • FAX: + 31 70 3542611 • E-mail: IKV:@antenna.nl

THE PARTNERS

LES PARTENAIRES

European Education Magazine Context, Doorn (Nederland)
City of Eindhoven (Nederland)
50 secondary schools in 15 countries in Europe / 50 lycées dans quinze pays d'Europe.
Cooperation with various national and European associations such as
Coopération avec des associations nationales et européennes telles que:
European Association of Teachers, Beek-Ubbergen (Nederland)
European Secondary Heads Association - ESHA, Genk (Belgique)

SUBSIDY GRANTED

SUBVENTION ACCORDÉE

ECU 25 000

IN A FEW WORDS...

Organisation of information actions presented through a youth magazine

TO KNOW MORE...

This project combines several actions to promote European citizenship amongst young people and to make them 'think European'.

The different actions combined in the project are all published in the youth magazine '*Primavera mondo giovani*'.

'Passport Europe' is a collection of information sheets concerning different aspects of European integration. The sheets can be cut out and collected in a kind of passport.

Under the title 'Young in Europe', a research study is organised and published, presenting the living conditions of young people in Europe and their attitudes towards Europe.

The action 'Schools in the network' aims to promote exchanges between schools in Europe, by publishing experiences of schools that participate in exchange programmes.

The organisation of debates between groups of pupils, a poetry workshop open to young people from eastern Europe by correspondence and a youth meeting entitled 'Europa Giovani' are other elements of the project.

EN BREF...

Organisation d'actions d'information à travers un magazine pour les jeunes

POUR EN SAVOIR PLUS...

Ce projet veut développer chez les jeunes une conscience civique européenne et les inciter à «penser européen».

Les différentes actions combinées au sein de ce projet sont toutes publiées dans le magazine pour jeunes «*Primavera mondo giovani*».

«Passeport Europe» est une collection de fiches d'information sur différents aspects de la construction européenne. Les fiches peuvent être découpées et collectionnées dans une sorte de passeport.

Sous le titre «Etre jeune en Europe», un sondage sur les conditions de vie des jeunes en Europe et leur attitude face à l'Europe est organisé et les résultats sont publiés.

L'action «Les écoles en réseau» veut favoriser les échanges entre établissements scolaires en Europe, notamment en publiant les expériences faites au sein d'écoles participant à des échanges.

L'organisation de débats entre groupes scolaires, d'un atelier de poésie par correspondance ouvert aux jeunes de l'Europe de l'Est ainsi que d'un congrès sous le titre «Europa Giovane», forment d'autres éléments du projet.

COORDINATION | COORDINATION

Istituto Maria Mazzarello Primavera
RESP.: Graziella Boscato
Via Laura Vicuna, 1 • I - 20092 Cinisello Balsamo Mi • Italia
☎ + 39 2 66040804 • FAX: + 39 2 6128337
E-mail: primavera@cgfma.org • mondogi@cgfma.org • retescuola@cgfma.org

THE PARTNERS | LES PARTENAIRES

Mision Joven (España)
La petite Bafouille (Belgique)
Epmata (Belgique)
CAIKA (Slovakia/Slovaquie)
Deutsche Welle (Deutschland)

SUBSIDY GRANTED | SUBVENTION ACCORDÉE

ECU 30 000

IN A FEW WORDS...

More than 5 000 students produce newspapers and reports for the mass media

EN BREF...

Plus de 5 000 élèves en classe terminale produisent des journaux et des reportages pour les médias de masse

TO KNOW MORE...

In order to celebrate the 40th anniversary year of the Treaty of Rome, this project is designed to enable a large number of young people to express their points of view and expectations concerning European integration.

For a week, more than 5 000 students from 165 undergraduate classes are invited to produce articles and audiovisual reports for a wide range of media reaching a public of more than 6 million persons.

The reports cover issues such as Citizens' Europe, the European Union institutions, the euro, reform of the Maastricht Treaty, initiatives for employment and anti-racism projects.

Some 33 preparatory seminars are organised for the students and their teachers and an information pack covering the issues mentioned above is also produced and distributed to the participating classes.

Among the thousands of participants, 30 have the opportunity to travel to Rome, Vienna, Lisbon or Copenhagen in order to produce their reports in these cities with assistance from professional journalists.

More than 60 other young people are sent as 'correspondents' to other European regions with the aim of covering local initiatives promoting European citizenship.

POUR EN SAVOIR PLUS...

Lancée pour célébrer le quarantième anniversaire du traité de Rome, cette opération pilote permet à la jeunesse d'exprimer ses aspirations vis-à-vis de la construction européenne.

Pendant une semaine, plus de 5 000 élèves de classe terminale sont invités à produire des reportages qui sont ensuite diffusés, à travers différents médias, à un public de plus de 6 millions de personnes.

Les thèmes des reportages couvrent l'Europe des citoyens, les institutions européennes, l'euro, la réforme du traité de Maastricht, les initiatives pour l'emploi et celles contre le racisme.

Au total, 33 séminaires préparatoires sont organisés pour les étudiant(e)s et leurs professeurs, et un dossier pédagogique portant sur les thèmes concernés est élaboré et distribué aux classes participantes.

Parmi les milliers de participants, une trentaine sont envoyés à Rome, à Vienne, à Lisbonne ou à Copenhague pour y produire leurs reportages avec l'assistance de journalistes professionnels.

Par ailleurs, quelque 60 autres jeunes voyagent en tant que «correspondants» dans d'autres régions, le sujet de leurs reportages étant les initiatives menées pour promouvoir la citoyenneté européenne.

COORDINATION / COORDINATION

Journaliste d'un Jour
RESP.: Carl Vandoorne
Bd Ernest Mélot 12 • B - 5000 Namur • Belgique
☎ + 32 81 248832 • FAX: + 32 81 261851

THE PARTNERS / LES PARTENAIRES

L'Alsace, Mulhouse (France)
Limburgs Dagblad, Heerlen (Nederland)
Groupe Vers l'Avenir, Namur (Belgique)
Six other press-groups in three EU Member States and one other country /
Six autres groupes de presse dans trois États membres de l'UE et dans un autre pays.

SUBSIDY GRANTED / SUBVENTION ACCORDÉE

ECU 40 000

IN A FEW WORDS...

Journalism students report on ethnic minority groups. Production of a multimedia project pack, an Internet site and a promotion film

EN BREF...

Production de reportages par des étudiant(e)s en journalisme sur des groupes ethniques minoritaires. Production d'un dossier multimédia, d'un site Internet et d'un film

TO KNOW MORE...

The 'European Communities project' is based on an existing partnership between a European school network, business and the media. It is dedicated to the development of European citizenship.

In the framework of this partnership, 2 000 journalism students annually investigate and report on European issues. At an annual conference, 200 student delegates analyse the reports and make summaries which are presented to the European Parliament by 10 'student ambassadors'.

The 1997 edition of the project focuses on the theme 'The human race - available in a wide variety of colours and styles'. The reports made by the student journalists, their annual conference and the summary presented to the EP therefore deal with the problems encountered by local ethnic minority groups.

The project also aims to produce a multimedia project pack for student journalists. It combines information on the theme of the project with elements to increase the media skills of student journalists.

An Internet site and a film presenting the project are produced to inform the general public.

POUR EN SAVOIR PLUS...

Ce projet est fondé sur un partenariat établi entre un réseau européen d'écoles, le monde des affaires et les médias. Il poursuit l'objectif de développer la citoyenneté européenne.

Dans le cadre de ce partenariat, 2 000 étudiant(e)s en journalisme font chaque année des reportages sur des sujets européens. Lors d'une conférence annuelle, 200 étudiant(e)s délégué(e)s analysent les reportages et en font des synthèses présentées par la suite au Parlement européen par dix «étudiant(e)s ambassadeurs».

L'édition 1997 du projet porte sur le thème «La race humaine - dans sa grande variété de couleurs et de styles». Les reportages faits par les étudiant(e)s, la conférence annuelle ainsi que la synthèse présentée au PE traitent, par conséquent, des problèmes que rencontrent les groupes ethniques minoritaires.

Le projet comporte, en plus, la production d'un kit multimédia à destination des étudiant(e)s, combinant des informations sur le thème choisi avec des éléments susceptibles de renforcer les compétences professionnelles des étudiant(e)s.

Un site Internet ainsi qu'un film sur les différentes étapes du projet sont également prévus.

COORDINATION

COORDINATION

European Communities Project
RESP.: John Aldridge
Warren Cottage, Warren Lane • UK - IP30 9RT Woolpit, Bury St. Edmunds • United Kingdom
☎ + 44 1359 242838 • FAX: + 44 1359 242838 • Internet:www.cherub.net

THE PARTNERS

LES PARTENAIRES

A European network of schools supported by telecommunication companies, media institutions and foundations / Un réseau européen d'écoles soustenu par des entreprises de télécommunication, des médias et des fondations.

SUBSIDY GRANTED

SUBVENTION ACCORDÉE

ECU 30 000

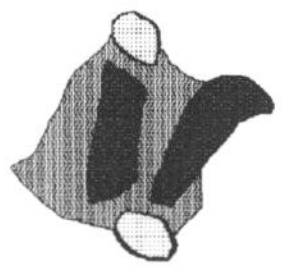

IN A FEW WORDS...

Information actions in favour of disadvantaged young people

EN BREF...

Actions d'information en faveur de jeunes défavorisés

TO KNOW MORE...

This project is targeted at young people from the disadvantaged areas of Bastia (Corsica/France), Seville (Spain) and Cagliari (Sardinia/Italy), and in surrounding rural areas.

The objective of the project is to make these young people more independent and to allow them to regain their self-respect. It also wants to make them more open-minded towards other cultures.

In order to achieve this, the youth magazine *'J MAG'* publishes their articles in their mother tongue, allowing them to present their actions and initiatives.

The project also develops a partnership with the regional media in order to make sure that these young people can express their points of view to a wider public.

In the course of the project, a booklet on the EU's youth mobility and exchange programmes is also produced in French, Spanish and Italian, making it easier for young people to profit from these opportunities.

At the end of the project, a conference is held in Bastia to present the different actions to a wider public.

POUR EN SAVOIR PLUS...

Ce projet s'adresse aux jeunes vivant dans les quartiers défavorisés de Bastia (Corse/France), de Séville (Espagne) et de Cagliari (Sardaigne/Italie) ainsi que dans les régions rurales avoisinantes.

L'objectif de l'action est de rendre ces jeunes plus autonomes afin qu'ils puissent retrouver confiance en eux-mêmes. Le projet veut également les inciter à plus d'ouverture face à d'autres cultures.

Pour y parvenir, le journal des jeunes «*J MAG*» leur réserve un espace où ils peuvent présenter, dans leur langue maternelle, leurs actions et leurs initiatives.

Dans ce contexte, le projet prévoit également de développer un partenariat avec les médias régionaux pour permettre aux jeunes participants de mieux se faire entendre auprès du public.

Afin d'élargir les connaissances de ces jeunes sur les programmes d'échange et de mobilité de l'UE, un guide sur ces programmes est, de surcroît, publié en français, en espagnol et en italien.

Pour clôturer le projet et présenter à un public plus large les différentes actions menées, un séminaire est organisé à Bastia.

COORDINATION

COORDINATION

Centre Régional Information Jeunesse de Corse
RESP.: Santa Vincenti
Bd Auguste Gaudin, 3 • F - 20294 Cedex Bastia • France
☎ + 33 4 95321213 • FAX: + 33 4 95325077

THE PARTNERS

LES PARTENAIRES

Centre Régional Information Jeunesse de Corse, Bastia (France)
Primavera, Cagliari (Italia)
Junta de Andalucia, Sevilla (España)

SUBSIDY GRANTED

SUBVENTION ACCORDÉE

ECU 5 000

IN A FEW WORDS...

Production of a publication on youth information sources in Europe

TO KNOW MORE...

In the course of this project, a systematic review of 'generalist' youth information in Europe is established.

The aim of the review is to publish a detailed picture of the 'generalist' youth information provision in each European country.
The publication therefore contains a chapter on each country, prepared with the partners of the European Youth Information and Counselling Agency (ERYICA) in each country concerned.

It also contains tables summarising aspects of particular interest, such as the topics on which the centres provide information, the number of centres in each country and their main publications and computer assisted services.

The information is collected with the help of a questionnaire.

Published by ERYICA in English and French, the review is approximately 100 pages long.

A certain number of copies are sent to major organisations and institutions working in the youth sector. Interested parties can contact ERYICA for details on how to obtain a copy.

EN BREF...

Réalisation d'une publication sur les sources d'information pour les jeunes en Europe

POUR EN SAVOIR PLUS...

Ce projet se propose de publier un inventaire systématique des sources d'information «généralistes» pour les jeunes en Europe.

La publication veut dresser un tableau détaillé des sources d'information «généralistes» accessibles aux jeunes dans chaque pays européen. Par conséquent, elle contient un chapitre sur chaque pays, préparé avec les partenaires de l'Agence Européenne pour l'Information et le Conseil des Jeunes (ERYICA) dans chaque pays concerné.

La publication contient également des tableaux indiquant, notamment: le nombre de centres dans chaque pays, les sujets sur lesquels ils fournissent des informations, leurs publications principales et l'existence de supports informatisés.

Les informations sont collectées à l'aide d'un questionnaire.

Éditée par l'Agence en anglais et en français, la publication a une centaine de pages.

Un certain nombre de copies est envoyé aux principales organisations et institutions travaillant dans le secteur de la jeunesse. Toute personne souhaitant obtenir une copie peut prendre contact avec l'Agence.

COORDINATION | COORDINATION

Centre National d'Information et d'Echanges pour Jeunes
RESP.: Julia Recktenwald
Bvd de la Pétrusse, 76 • L - 2320 Luxembourg • Luxembourg
☎ + 352 405550 / 405551 • FAX: + 352 405556
E-mail: andree.debra@ci.educ.lu • Internet: http://www.online.lu/snj

THE PARTNERS | LES PARTENAIRES

Coordinamento Nazionale Sistema Informativo Giovanile - CNSIG, Roma (Italia)
European Youth Information and Counselling Agency – ERYICA
[101, quai Branly; F-75740 Paris Cedex; ☎ +33 1 44 49 13 26] (France)

SUBSIDY GRANTED | SUBVENTION ACCORDÉE

ECU 28 000

IN A FEW WORDS...

Adaptation of a publication for German-speaking countries and regions

EN BREF...

Mise à jour d'une publication pour les pays et régions germanophones

TO KNOW MORE...

'*Europe, a manual*' is a publication created in 1992 following an initiative of The Prince's Trust in the United Kingdom, the French Ministry of Youth and Sports and the Belgian Fondation Roi Baudoin.

In 1995, the publication was updated and adapted with more partners in Portugal, Spain and Northern Ireland. This new version has been translated into five languages and 400 000 copies have been distributed.

Intended for young people, the publication consists of two parts.

The first contains information on the history and functioning of the European institutions and on the programmes set up by the European Union and the Council of Europe in favour of young people. The second part gives basic information on the 45 European countries.

The present project aims to update this publication, to translate it into German and to distribute 5 000 copies free of charge in Germany, Austria and the German-speaking Community in Belgium.

POUR EN SAVOIR PLUS...

«*Europe, un manuel*» est une publication créée en 1992 à l'initiative du ministère de la jeunesse et des sports en France, de la fondation Roi Baudouin en Belgique et de The Prince's Trust au Royaume-Uni.

En 1995, une mise à jour a été effectuée, élargie au Portugal, à l'Espagne et à l'Irlande du Nord. Traduite en cinq langues, la nouvelle version a été tirée à 400 000 exemplaires.

S'adressant à un public jeune, la publication comporte deux parties.

La première partie informe les jeunes sur l'histoire et le fonctionnement des institutions européennes ainsi que sur les programmes pour jeunes que proposent l'Union européenne et le Conseil de l'Europe. La seconde partie reprend, pays par pays, les informations de base concernant quarante-cinq pays européens.

Le présent projet se propose de mettre à jour cette publication, de la traduire en allemand et d'en diffuser, gratuitement, 5 000 exemplaires en Allemagne, en Autriche et au sein de la communauté germanophone de Belgique.

COORDINATION

COORDINATION

Initiatives Jeunes en Europe
RESP.: Stefan Becksky
Rue Lesbroussart, 76 • B - 1050 Bruxelles • Belgique
☎ + 32 2 6408596 • FAX: + 32 2 6467222

THE PARTNERS

LES PARTENAIRES

Ministerium der Deutschsprachigen Gemeinschaft -
Abteilung Kulturelle Angelegenheiten, Eupen (Belgien)
Fondation Roi Baudoin, Bruxelles (Belgique)
Ministère des affaires étrangères, Bruxelles (Belgique)
Instituto de la Juventud - Ministerio de Asuntos Sociales, Madrid (España)
Instituto Portugues da Juventude, Lisboa (Portugal)
Ministère de la jeunesse et des sports -
Direction de la jeunesse et de la vie associative, Paris (France)
European Bureau of the Youth Council of Northern Ireland, Belfast (United Kingdom)

SUBSIDY GRANTED

SUBVENTION ACCORDÉE

ECU 10 000

IN A FEW WORDS...

Production of a directory of youth media in Europe

EN BREF...

Production d'un manuel des médias destinés aux jeunes en Europe

TO KNOW MORE...

The aim of this project is to produce an information directory concerning youth media throughout Europe. It is targeted at journalists in the youth media, institutions and organisations concerned with young people, and also to young people interested in the media sector.

The directory not only contains information about youth media in the EU Member States, but also in some member States of the Council of Europe and some other European countries, reaching a total number of 39 countries.

The youth media are introduced, country by country, with their target groups, contents and to what extent they cover European issues. Information is also given on the training schemes which each country offers to young journalists.

The addresses of the various youth media organisations are indicated to facilitate contact between journalists throughout Europe.

The directory also gives information on the initiatives and opportunities created by the European Union in the media sector. Some 10 000 copies are distributed.

POUR EN SAVOIR PLUS...

Le but de ce projet est de produire un répertoire sur les médias destinés aux jeunes en Europe. La publication s'adresse aux professionnels des médias, aux institutions et aux organisations de jeunesse, mais également aux jeunes intéressés dans le secteur des médias.

Le répertoire concerne non seulement les États membres de l'UE, mais également certains des États membres du Conseil de l'Europe et d'autres États européens, couvrant ainsi un nombre total de 39 pays.

Présentant pour tous ces pays les médias destinés aux jeunes avec leurs groupes cibles et leurs contenus, le manuel indique également les possibilités de formation pour les jeunes journalistes.

Pour faciliter les contacts internationaux entre les journalistes des médias destinés aux jeunes, le manuel indique leurs coordonnées.

Diffusé en 10 000 exemplaires, le manuel informe aussi sur les initiatives et les programmes de l'Union européenne dans le secteur des médias.

COORDINATION

COORDINATION

Jugendpresseclub e.V. - JPC
RESP.: Stefan Zowislo, Monika Bürvenich
Lennéstr. 42 • D - 53113 Bonn • Deutschland
☎ + 49 228 217786 • FAX: + 49 228 213984 • E-mail: JPCBonn@aol.com

THE PARTNERS

LES PARTENAIRES

Finnish Youth Cooperation ALLIANSSI, Helsinki (Finland)
Associação Portuguesa de Jovens Journalistas - APJJ, Lisboa (Portugal)

SUBSIDY GRANTED

SUBVENTION ACCORDÉE

ECU 25 000

IN A FEW WORDS...

Media competition for young people followed by a study of their information sources

EN BREF...

Concours «média» pour jeunes suivi d'une analyse de leurs sources d'information

TO KNOW MORE...

A competition entitled 'Youth media' is launched at the beginning of the project, inviting young people to express their feelings and questions about the present development of the EU. The youngsters can use either of the four media: audio (radio), video, fanzines or short essays.

In each category, two winners are selected and invited to work on a production entitled 'Quo vadis Europa?'. At the same time, the organisers set up a list of the information material and its sources that have provided information on the EU to the youngsters participating in the competition, in order to find out the most 'successful' information agencies and education establishments.

These organisations are then contacted in order to know more about their successful ways of informing young people about the EU. The comparative analysis thus established makes it possible to evaluate the effectiveness of the efforts made to inform young people. Better knowledge of the preferences and needs of young people concerning information about Europe can help to increase effectiveness of these efforts.

POUR EN SAVOIR PLUS...

Un concours «média pour jeunes» est lancé au début de ce projet, invitant des jeunes à exprimer leurs points de vue et leurs questions concernant le développement actuel de l'UE. Les jeunes peuvent choisir le médium de leur préférence parmi: «fanzines», essais, support audio (radio) ou vidéo.

Pour chaque catégorie, deux gagnants sont sélectionnés et invités à élaborer une production commune intitulée «*Quo vadis Europa?*». Parallèlement, les organisateurs dressent un inventaire des sources d'information et du matériel utilisés par les participants du concours, afin de localiser les organisations dont l'offre en matière d'information sur l'Europe correspond le plus au besoin des jeunes.

Ces organisations sont alors contactées pour des renseignements plus précis quant à leur stratégie d'information. Une analyse comparative est ainsi dressée permettant d'évaluer l'efficience des efforts d'information entrepris en direction des jeunes. Une meilleure connaissance des préférences et des besoins des jeunes en matière d'information sur l'Europe devrait permettre d'augmenter l'efficience de ces efforts.

COORDINATION

COORDINATION

Community Education Services - FIFE
RESP.: Jacques Nicaudie
European and international services • 189, Nicol Street • UK - KY1 1PF Kirkcaldy • United Kingdom
☎ + 44 1592 412344 • FAX: + 44 1592 412345

THE PARTNERS

LES PARTENAIRES

Centro de Juventud, Aviles (España)
Loisir, Evasion - Tourisme, Sadirac (France)

SUBSIDY GRANTED

SUBVENTION ACCORDÉE

ECU 21 555

NEUVIÈME BD-AWARDS (1994)

IN A FEW WORDS...

Competition for cartoonists followed by the publication of an album

EN BREF...

Concours pour dessinateurs de bandes dessinées menant à la publication d'un album

TO KNOW MORE...

The aim of the project is to produce a cartoon album entitled 'Europe from the Atlantic to the Urals - utopia or reality?'.

A drawing competition is organised for young people aged between 16 and 35 years. A winner is selected for each of the four themes:

1. You are a European citizen and your story is humourous;
2. You are a European citizen and your story is realistic;
3. You are not a European citizen and your story is humourous;
4. You are not a European citizen and your story is realistic.

The 96 best propositions are shown at the International Cartoon Festival in Charleroi.

The four winners then finish their propositions, guided by professionals and paid for each page they produce. Once the stories are assembled in one album, 10 000 copies are distributed by the 'Centre d'Animation et d'Information pour la Jeunesse (C.A.I.J.)'.

POUR EN SAVOIR PLUS...

Le but de ce projet est de réaliser un album de bandes dessinées sous le thème global «L'Europe de l'Atlantique à l'Oural, utopie ou réalité?».

Lors d'un concours ouvert à des jeunes de 16 à 35 ans, quatre sous-thèmes sont proposés, avec un seul lauréat par thème:

1. vous êtes citoyen européen et votre récit est humoristique;
2. vous êtes citoyen européen et votre récit est réaliste;
3. vous n'êtes pas citoyen européen et votre récit est humoristique;
4. vous n'êtes pas citoyen européen et votre récit est réaliste.

Les 96 meilleurs scénarios sont exposés au Festival international de la bande dessinée de Charleroi.

Par la suite, les quatre lauréats réalisent leur scénario, sous le conseil d'un ou de plusieurs professionnels. Pour chaque planche, ils sont rémunérés. L'album, tiré à 10 000 exemplaires, est distribué par le Centre d'Animation et d'Information pour la Jeunesse (C.A.I.J.).

COORDINATION

COORDINATION

Centre EnerJ
RESP.: Jef Krnac
64, Chaussée de Lodelinsart • B - 6060 Charleroi • Belgique
☎ + 32 71 416217 / 410905 • FAX: + 32 71 280801
E-mail: Jef@CLTM.CEDITI.BE • Internet: http://enerj.cltm.cediti.be/centre/

THE PARTNERS

LES PARTENAIRES

Carte Jeunes, Luxembourg (Luxembourg)
Carta Giovani, Roma (Italia)

SUBSIDY GRANTED

SUBVENTION ACCORDÉE

ECU 20 000

IN A FEW WORDS...

Production of comicstrips about the EU

EN BREF...

Production de bandes dessinées sur l'UE

TO KNOW MORE...

This project uses cartoons to inform youngsters aged 10 to 22 about the euro, the EU's enlargement and its relations with neighbouring countries. The cartoons also deal with racism and xenophobia.

Amongst the heroes of the cartoon stories are famous personalities of the participating countries and of the rest of Europe, such as Cervantes, Bertolt Brecht, Luccio Dalla or Aristophanes. The presence of such popular figures stimulates young people's interest and makes it easier for them to identify with the contents of the stories.

Produced by a team of cartoonists, experts in European issues and professional writers, the cartoons are edited in Italian, Greek and Spanish. In each participating country, 5 000 copies are disseminated as inserts in regional newspapers, thus reaching approximately 10 000 families.

The cartoon inserts are combined with a questionnaire aiming to collect information on the young readers for future campaigns. A T-shirt is offered as an incentive to every youngster returning the questionnaire.

POUR EN SAVOIR PLUS...

Ce projet utilise les bandes dessinées pour informer les jeunes de 10 à 22 ans sur l'euro, l'élargissement de l'UE, ses relations avec les pays voisins et sur le racisme et la xénophobie.

Les héros des bandes dessinées sont des personnalités célèbres venant des pays participants et d'autres pays d'Europe, comme Cervantès, Bertolt Brecht, Luccio Dalla ou Aristophane. Leur présence dans les histoires racontées stimule l'intérêt des jeunes et les aide à s'identifier avec le contenu.

Produites par une équipe de dessinateurs, de rédacteurs et d'experts en matières européennes, les bandes dessinées sont éditées en italien, en grec et en espagnol. Dans chaque pays participant, 5 000 copies sont diffusées en supplément à un journal régional, touchant environ 10 000 familles.

Ces suppléments de bandes dessinées comportent un questionnaire destiné à collecter des informations sur les jeunes lecteurs afin de mieux cibler de futures campagnes. Pour inciter les jeunes à renvoyer le questionnaire, un *t-shirt* est offert à ceux qui répondent.

COORDINATION | COORDINATION

European Cultural Organisation - Social Education - ECOSE
RESP.: Sophia Athanassiadou
Voulis 45 • GR - 105 57 Athínai • Ellas
☎ + 30 1 3239666 • FAX: + 30 1 3236637

THE PARTNERS | LES PARTENAIRES

Centro di Initiativa Culturale per l'Unita Europea - CICUE, Roma (Italia)
Asociación Cultural Arcadia, Sevilla (España)

SUBSIDY GRANTED | SUBVENTION ACCORDÉE

ECU 30 000

POSTCARD YOUTH INFORMATION PROJECT (1997)

IN A FEW WORDS...

Production and dissemination of free postcards about the EU

EN BREF...

Production et diffusion gratuite de cartes postales informant sur l'UE

TO KNOW MORE...

This project uses the medium of postcards in a new and innovative way to inform young people on the opportunities, advantages and challenges that Europe offers them.

In cooperation with their partners, the initiators of the project produce and disseminate information postcards in German, Italian and Greek covering 60 different EU related issues that are of interest to young people, such as mobility, training, equal opportunities, the fight against racism, youth programmes, etc.

In the regions of Baden-Württemberg (Germany), Thrace (Greece) and Basilicata (Italy), the postcards are distributed free of charge in places where young people meet, such as cafés, clubs, roller blade or snowboard shops, sport centres, cinemas, youth centres and selected public spaces, etc.

Within 6 months, a total number of up to 360 000 postcards are distributed in the three regions.

To use this communication tool in a non-commercial context of youth information and to introduce it in regions where it has not been used so far makes this project particularly innovative.

POUR EN SAVOIR PLUS...

Ce projet utilise le médium de cartes postales dans une approche novatrice pour informer les jeunes sur les chances, les avantages et les défis que leur présente l'Europe.

Avec leurs partenaires, les initiateurs du projet produisent et diffusent des cartes postales donnant une information, en allemand, en italien ou en grec, sur environ 60 thèmes liés à l'UE et représentant un intérêt pour les jeunes, tels la mobilité, la formation, l'égalité des chances, la lutte contre le racisme et les programmes de jeunesse.

Les cartes postales sont distribuées gratuitement dans les régions du Bade-Wurtemberg (Allemagne), de Thrace (Grèce) et de Basilicate (Italie). Les points de distribution sont des endroits fréquentés par les jeunes: cafés, clubs, magasins d'articles de sport, cinémas, etc.

En six mois, environ 360 000 cartes postales sont distribuées dans l'ensemble des trois régions.

Le projet est particulièrement novateur, car il utilise cet outil de communication dans le contexte non commercial de l'information des jeunes et l'introduit dans des régions où cet outil était inconnu auparavant.

COORDINATION

COORDINATION

International Education Information Exchange e.V. - IEIE
RESP.: Martin A. Kilgus
Eberhardstrasse 61 • D - 70178 Stuttgart • Deutschland
☎ + 49 711 2362513/4 • FAX: + 49 711 2362515 • E-mail: ieie compuserve.com

THE PARTNERS

LES PARTENAIRES

Dimossineteristiki Evros, Feres (Ellas)
Basilicata Servizi Formativi - BASEFOR, Potenza (Italia)

SUBSIDY GRANTED

SUBVENTION ACCORDÉE

ECU 22 500

IN A FEW WORDS...

Organisation of a photo exhibition combined with the production of a photo album

EN BREF...

Organisation d'une exposition photo combinée avec l'édition d'un album photo

TO KNOW MORE...

'View(s) of Europe' wants to show young French, Italians and Spaniards aged 15 to 18 years of age the meaning of European citizenship, through an amusing and creative approach.

Young people from these three countries are invited to cooperate in the production of a photo exhibition and photo album, both concerning the issue of European citizenship.

Through the exchange of texts and photographs, the participants discover the cultural environment of their peers in the partner countries.

The initiators of the project wish to extend the experience so that each year the already existing album is enriched by the participation of new groups belonging to other Member States of the EU.

Thus, an album of 15 countries (or even more) would be created, showing the development over the years of the perception of European citizenship among young people.

POUR EN SAVOIR PLUS...

À travers une approche divertissante et créative, «Vu(es) d'Europe» veut sensibiliser de jeunes Français, Italiens et Espagnols de 15 à 18 ans à la citoyenneté européenne.

Des jeunes de ces trois pays sont invités à travailler en commun pour monter une exposition de photos sur le thème de la citoyenneté européenne et pour éditer, par la suite, ces photos en un album.

Grâce à l'échange de textes et de photos, les jeunes ont l'occasion de découvrir l'environnement culturel de l'autre.

Les initiateurs du projet souhaitent étendre l'expérience de façon que chaque année l'album déjà existant soit enrichi par la participation de nouveaux groupes appartenant à d'autres États membres de l'UE.

Ainsi serait créé un album des quinze (voire plus) qui montrerait l'évolution, au fil des ans, de la perception de la citoyenneté européenne chez les jeunes.

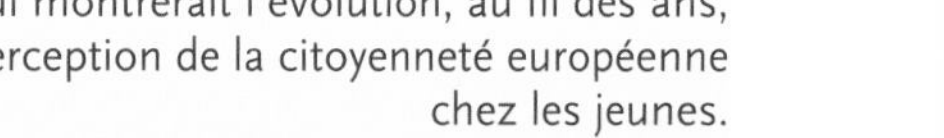

COORDINATION

COORDINATION

Idées Nouvelles Editions
RESP.: Fabrice Lachenmaier
Ancien Chemin du Ray et d'Aspremont 42 • F - 06200 Nice • France
☎ + 33 4 93537332 • FAX: + 33 4 93537329

THE PARTNERS

LES PARTENAIRES

Studio Trend, Mazare des Vallo (Italia)
Fundación Ecca, Madrid (España)

SUBSIDY GRANTED

SUBVENTION ACCORDÉE

ECU 20 000

YOUTH INFORMATION PROJECT AGAINST RACISM AND XENOPHOBIA IN THE EUROPEAN UNION (1995)

IN A FEW WORDS...

Information tools against racism and xenophobia

TO KNOW MORE...

In the course of this project, new information tools for anti-racism work are produced in the form of two information dossiers.

The first, a '*Calendar of Internationalism*', includes faxes and campaign posters where as the second, entitled '*Directory of Internationalism*', disseminates the national and international addresses of EU institutions and programmes, contact points for youth funding programmes and information on conferences concerning the rights of minorities.

The material is also designed to give information about anti-racism initiatives of the European Parliament and about youth policies and activities against racism which are supported by the European Commission.

Both publications are available free of charge and are distributed to 1 500-2 000 organisations across Europe. Taking into account the multiplication effect, 10-20 000 copies are expected to be circulated.

These publications represent an excellent tool for youth workers, young people and those from ethnic minorities.

EN BREF...

Outils d'information contre le racisme et la xénophobie

POUR EN SAVOIR PLUS...

Par la sortie de deux dossiers d'information, ce projet veut contribuer à la lutte contre le racisme.

Le premier dossier, intitulé «*Calendrier de l'Internationalisme*», contient des affiches antiracistes et du matériel d'information destiné à être diffusé par télécopie. Le deuxième dossier, le «*Répertoire de l'internationalisme*», indique les coordonnées des institutions de l'UE avec les programmes qu'ils organisent et les adresses d'organismes participant au financement de projets pour jeunes. Il donne également des informations sur les conférences organisées sur le thème des minorités.

L'information diffusée porte sur les initiatives antiracistes du Parlement européen, sur la politique antiraciste de la Commission européenne et sur celle en faveur des jeunes.

Disponibles gratuitement, les deux publications sont envoyées à 1 500-2 000 organismes multiplicateurs, atteignant ainsi un nombre approximatif de 10 000 à 20 000 copies.

Elles représentent un excellent outil pour tous ceux travaillant au service des jeunes, pour les jeunes eux-mêmes et surtout pour ceux issus de minorités ethniques.

COORDINATION

COORDINATION

UNITED for Intercultural Action
RESP.: Geert Ates
Postbus 413 • NL - 1000 AK Amsterdam • Nederland
☎ + 31 20 6834778 • FAX: + 31 20 6834582
E-mail: united@antenna.nl • Internet: http://www.xs4all.nl/~united

THE PARTNERS

LES PARTENAIRES

310 partner organisations of which the majority are based in EU countries
310 organisations dont la majorité se trouve dans les pays de l'UE.

SUBSIDY GRANTED

SUBVENTION ACCORDÉE

ECU 10 000

EUROPEAN YEAR AGAINST RACISM - INFORMATION FOR YOUTH (1996)

IN A FEW WORDS...

Organisation of an information campaign and a youth conference on the fight against racism. Creation of an Internet site

TO KNOW MORE...

UNITED is a network of about 390 organisations in all EU Member States which are active in the youth sector and the fight against racism.

The project combines several actions, such as the direct mailing of a Commission brochure entitled '*Communication on racism, xenophobia and Antisemitism*' to 1 800 NGOs.

Another element of the campaign is to set up a permanent working group and to organise an intercultural conference for 100 young people on the theme of the campaign, its role in the Union's policies and in the Intergovernmental Conference of 1996.

The project also aims to establish direct links between the European institutions, NGOs and young people surfing the Internet.

To achieve this, an Internet site is created disseminating information on the EU and the actions it takes to fight racism and to promote discussions and exchanges concerning this issue.

EN BREF...

Organisation d'une campagne d'information et d'une conférence de jeunes sur la lutte contre le racisme. Création d'un site Internet

POUR EN SAVOIR PLUS...

UNITED est un réseau d'environ 390 organisations, implantées dans tous les États membres de l'UE et travaillant dans le domaine de la jeunesse et de la lutte contre le racisme.

Le projet réunit plusieurs actions, comme l'envoi direct, à 1 800 ONG, d'une brochure de la Commission, intitulée «*Communication sur le racisme, la xénophobie et l'antisémitisme*».

Un autre élément de la campagne vise à mettre en place un groupe de travail permanent et à organiser une conférence interculturelle de 100 jeunes sur le thème de la campagne et sur le rôle que celui-ci joue dans les politiques de l'Union et dans la Conférence intergouvernementale de 1996.

Un autre objectif du projet est d'établir un lien direct entre les institutions européennes, les ONG et les jeunes qui surfent sur Internet.

Pour réaliser ce but, un espace d'information et de discussion sur Internet est créé, permettant de diffuser des informations sur l'UE et sur ses actions en matière de lutte contre le racisme.

COORDINATION / COORDINATION

UNITED for Intercultural Action
RESP.: Geert Ates
Postbus 413 • NL - 1000 AK Amsterdam • Nederland
☎ + 31 20 6834778 • FAX: + 31 20 6834582 • E-mail: united@antenna.nl
Internet: http://www.xs4all.nl/~united

THE PARTNERS / LES PARTENAIRES

UNITED is a network of 390 national and international organisations active in the field of youth work and intercultural education. / UNITED est un réseau de 390 organisations nationales et internationales travaillant au service des jeunes et dans le domaine de l'apprentissage interculturel.

SUBSIDY GRANTED / SUBVENTION ACCORDÉE

ECU 20 000

OPPORTUNITY EUROPE: INFORMATION ACTION FOR YOUNG PEOPLE (1994)

IN A FEW WORDS...

Development of information material and organisation of workshops and conferences

EN BREF...

Création de matériel d'information et organisation d'ateliers et de conférences

TO KNOW MORE...

The project brings together local partners, colleges and youth charities in developing a package of information materials for young people between the ages of 16 and 25. The objective of the information material is to increase awareness of the European Union, its institutions, policies and programmes and to encourage mobility.

The material comprises innovative distance learning packages, fact sheets and information dossiers on European issues. The packages are disseminated to 3 500 young people and youth organisations.

Also, comprehensive guides are developed for young people who intend to live and work in another Member State (500 copies).

In addition, workshops and conferences are held providing young people with direct advice, guidance and counselling.

Although the project aims to help all young people in Leicestershire, attention is also focused on socially excluded groups, especially on the large ethnic minority population of the region.

POUR EN SAVOIR PLUS...

Le projet rassemble des partenaires locaux, des collèges et des associations de jeunesse pour créer du matériel d'information pour des jeunes de 16 à 25 ans. Le but est de les sensibiliser à l'Union européenne, ses institutions, ses politiques et ses programmes et de les encourager à la mobilité.

Le matériel d'information comporte des dossiers innovateurs pour l'enseignement à distance, des fiches de documentation et des dossiers d'information sur les questions européennes. Ces dossiers sont distribués à 3 500 jeunes et organisations de jeunesse.

Des guides sont également créés pour des jeunes qui souhaitent vivre et travailler dans un autre État membre (tirage: 500).

En outre, des ateliers et des conférences sont organisés, offrant aux jeunes des conseils pratiques et facilitant leur orientation professionnelle.

Bien que le projet s'adresse à tous les jeunes au Leicestershire, la cible particulièrement visée concerne les groupes exclus de la société, notamment celui des minorités ethniques.

COORDINATION

COORDINATION

Leicestershire training & enterprise council
RESP.: Jeff Miller
Meridian East - Meridian Business Park • UK - LE3 2W2 Leicester • United Kingdom
☎ + 44 533 651515 • FAX: + 44 533 651501

THE PARTNERS

LES PARTENAIRES

Commune de Strasbourg (France)
Stadt Krefeld (Deutschland)
Leicester City Council (United Kingdom)

SUBSIDY GRANTED

SUBVENTION ACCORDÉE

ECU 25 890

YOUTH INFORMATION RESOURCE PROJECT (1994)

IN A FEW WORDS...

Production of information material and organisation of conferences and seminars for young people and youth workers

EN BREF...

Production de matériel d'information et organisation de séminaires pour les jeunes et les personnes travaillant pour les jeunes

TO KNOW MORE...

The objective of the project is to enable young people to obtain information about the European Union. Special attention is given to the needs of the young disadvantaged and the 'early school leavers'.

A central resource centre is set up during the project to assemble data and prepare materials based on this data. The materials include a monthly newsletter, leaflets and handbooks concerning various aspects of the European Union. They are disseminated on a local, regional, national and international level through existing youth networks.

A school awareness programme is also carried out throughout Northern Ireland in order to make students conscious of the relevance of the EU to their daily lives. In addition, a number of weekend workshops for young people are organised to devote time to discussion of EU policies and how they affect young people.

Also a series of seminars about the European Union is organised for youth workers.

POUR EN SAVOIR PLUS...

L'objectif du projet est de donner l'accès à l'information sur l'Union européenne en particulier aux jeunes défavorisés, et notamment à ceux qui quittent l'école très tôt.

Un «*Central Resource Centre*» est mis en place au cours du projet. Ce centre collecte les informations nécessaires et met au point des matériaux d'information, comme un bulletin mensuel, des fiches et des manuels concernant différents aspects de l'Union européenne. Ces matériaux sont par la suite diffusés aux niveaux local, régional, national et international à travers des réseaux existants.

Par ailleurs, un programme de sensibilisation scolaire est également lancé dans l'ensemble de l'Irlande du Nord afin de faire prendre conscience aux élèves de l'impact de l'UE dans leur vie quotidienne. Par ailleurs, un certain nombre d'ateliers sont organisés pour les jeunes, axés sur les politiques de l'Union européenne et leur impact sur les jeunes.

Pour ceux qui traitent régulièrement avec des jeunes, une série de séminaires d'information sur l'Union européenne est également organisée.

COORDINATION

COORDINATION

The Rural College
RESP.: Therese Kelly
Derrynoid • UK - BT45 7DW Draperstown • United Kingdom
☎ + 44 1648 29100 • FAX: + 44 1648 27777 • E-mail: ruralcol@iol.ie

THE PARTNERS

LES PARTENAIRES

Youth Information Resource Project Muintearas, Co Na Gillimhe (Ireland)
The Drama Project - Fakskobing Skole, Brebandsnet (Danmark)

SUBSIDY GRANTED

SUBVENTION ACCORDÉE

ECU 30 000

EUROPA AL TEU ABAST (1995)

IN A FEW WORDS...

Production of an information dossier and video

TO KNOW MORE...

By designing an information kit on European topics, the initiators of 'Europe within your reach' aim to reach youngsters between the ages of 15 and 20 in rural areas.

Available in Catalan, the information dossier contains brochures from the European Commission on mobility within the EU as well as brochures produced by the initiators of the project themselves.

As part of the kit, a video is also produced, offering information about the history of European integration, the European institutions, the actual fields of EU policies, regional policies, EU programmes for young people and the way young citizens can become involved in European issues.

The video is delivered together with a booklet containing background information on all the topics discussed in it.

By producing most of the information material themselves, the initiators are able to adapt it to the specific needs of young people in rural areas.

The material is disseminated by regional youth information offices as well as schools and local associations.

EN BREF...

Production d'un dossier d'information et d'une vidéo

POUR EN SAVOIR PLUS...

Les initiateurs du projet «L'Europe à ta portée» veulent atteindre, à travers un dossier d'information sur l'Europe, les jeunes de 15 à 20 ans en milieu rural

Disponible en catalan, le dossier d'information contient des brochures portant sur la mobilité et élaborées par la Commission européenne, mais également des brochures produites par les initiateurs du projet.

Une vidéo est également produite pour ce dossier, informant sur l'histoire de la construction européenne, les institutions et leurs domaines d'action, la politique régionale, les programmes de l'UE en faveur des jeunes ainsi que sur les possibilités des jeunes de s'impliquer dans cette construction.

La vidéo est accompagnée d'un guide contenant des informations supplémentaires sur les thèmes évoqués.

En produisant l'essentiel du matériel d'information eux-mêmes, les initiateurs ont la possibilité de l'adapter aux besoins spécifiques des jeunes en milieu rural.

Le dossier est distribué à travers les centres régionaux d'information de la jeunesse, des écoles et des associations locales.

COORDINATION

COORDINATION

Secretaria General de Joventut
RESP.: Victor Magrans i Julià
Calàbria, 147 • E - 08015 Barcelona • España
☎ + 34 3 4838409 • FAX: + 34 3 4838300

THE PARTNERS

LES PARTENAIRES

Région Rhône-Alpes Secrétariat Général des Assemblées
Bureau des Sports, Charbonnière les Bains (France)
Landesjugendring Baden-Württemberg, Stuttgart (Deutschland)
Centro Italia Europea - Eurit, Roma (Italia)

SUBSIDY GRANTED

SUBVENTION ACCORDÉE

ECU 25 000

ACTION D'INFORMATION PILOTE SUR L'UNION ÉCONOMIQUE ET MONÉTAIRE ET L'EURO (1997)

IN A FEW WORDS...

School information campaign on economic and monetary union and the euro

EN BREF...

Campagne d'information scolaire sur l'Union économique et monétaire et l'euro

TO KNOW MORE...

This project aims to finalise and test, in about 90 schools, an information campaign for young people on the economic and monetary union and the euro.

The tools developed for the campaign are a video cassette, brochures for pupils and booklets for teachers, all assembled in an educational pack.

A French version of these tools already exists. In the course of the project, adapted versions are developed for the Dutch-speaking area of Belgium, as well as for Finland.

Some 30 schools from three regions (the Dutch-speaking area of Belgium and the regions around Paris and Helsinki) are selected to participate in the project.

Presentations are held in Brussels, Paris and Helsinki in order to introduce the participating teachers to the use of the educational pack which they receive.

When the campaign is launched, the project initiators are present in the schools, assisting the teachers and collecting the pupil's feedback.

POUR EN SAVOIR PLUS...

L'objectif de ce projet est de finaliser et de tester, dans environ 90 écoles, un programme d'information des jeunes sur l'Union économique et monétaire et l'euro.

Les outils produits pour la campagne sont: une cassette vidéo, une brochure pour l'élève et un manuel pour le professeur, le tout assemblé dans un dossier pédagogique.

Une première version de ces outils existe déjà en Français. Des versions pour la Belgique néérlandophone et la Finlande sont mises au point au cours du projet.

Parmi les écoles belges néérlandophones, les écoles de l'Île-de-France et celles de Helsinki, 30 sont choisies dans chaque pays pour participer au projet.

Par la suite, des sessions de présentation ont lieu à Bruxelles, à Paris et à Helsinki pour familiariser les enseignant(e)s avec le dossier pédagogique dont chaque école reçoit un exemplaire.

Lors du démarrage de la campagne dans les classes, les responsables du projet se rendent sur le terrain pour soutenir les professeurs et pour recueillir les réactions des jeunes.

COORDINATION

COORDINATION

Génération Europe
RESP.: Catie Thorburn
Chaussée St Pierre 123 • B - 1040 Bruxelles • Belgique
☎ + 32 2 6481542 • FAX: + 32 2 6488361
E-mail: generation.europe@arcadis.be • Internet: http://www.ping.be/generation.europe

THE PARTNERS

LES PARTENAIRES

Promeuro asbl, Luxembourg (Luxembourg)
Oy Generation Europe, Helsinki (Finland)

SUBSIDY GRANTED

SUBVENTION ACCORDÉE

ECU 33 150

IN A FEW WORDS...

Production of an educational activity pack on the EU

EN BREF...

Production d'un dossier éducatif sur l'UE

TO KNOW MORE...

During this project, young people are involved in the development of an EU activity pack that can be used in schools, colleges and youth centres. The pack not only aims at informing young people, but also at stimulating open debate amongst them on European issues.

After a check of existing educational material, the partners meet in Manchester to plan the contents of the activity pack.

Together with a group of young people from Manchester, the activity pack is designed and a prototype produced in English, German and Finnish.

Tests of the prototypes are organised in Manchester, Chemnitz and Tampere and evaluated by the partners in order to finalise their content and design.

Some 50 copies of the pack are delivered to each partner, together with a video showing how debates amongst young people can be organised on the basis of the EU activity pack.

POUR EN SAVOIR PLUS...

Lors de ce projet, des jeunes participent activement à la production d'un dossier éducatif sur l'UE qui peut être utilisé dans des écoles, des lycées et des centres de jeunes. Le dossier informe les jeunes sur l'UE et vise également à leur donner les moyens de discuter sur des sujets européens.

À la suite de l'étude du matériel éducatif déjà existant, les partenaires se réunissent à Manchester pour planifier le contenu du dossier.

En coopération avec un groupe de jeunes de Manchester, le dossier est ensuite conçu, et un prototype est produit en anglais, en allemand et en finnois.

Par la suite, les prototypes sont testés à Manchester, à Chemnitz et à Tampere, et le résultat est évalué par les partenaires pour finaliser les dossiers.

Finalement, 50 copies sont fournies à chaque partenaire, comprenant une vidéo qui montre comment, grâce au dossier éducatif, des débats européens peuvent être organisés avec des jeunes.

COORDINATION | COORDINATION

Manchester City Council
RESP.: Dorothy Connor
Manchester Central Library • St. Peter's Square • UK - M2 5PD Manchester • United Kingdom
☎ + 44 161 2341996 • FAX: + 44 161 2375974 • E-mail: euroinfo.MCL@poptel.org.uk

THE PARTNERS | LES PARTENAIRES

Several organisations and schools in / Plusieurs organisations et écoles à:
Manchester (United Kingdom)
Chemnitz (Deutschland)
Tampere (Finland)

SUBSIDY GRANTED | SUBVENTION ACCORDÉE

ECU 30 000

YOUTH GOES EUROPE: EIN EURO-INFO-KIT FÜR SCHULEN UND JUGENDORGANISATIONEN (1995)

IN A FEW WORDS...

Production of a Euro-Info-Kit for schools and youth organisations

EN BREF...

Production d'un euro-info-kit pour écoles et organisations de jeunesse

TO KNOW MORE...

The objective of this project is to produce an information dossier on European integration which combines existing material and newly created information tools. It is designed for use in schools and youth organisations.

The kit contains a wide range of information material: a video presentation of the European institutions, an EU map, a video of the European federalist movement, a range of brochures from the European Commission and the European Parliament focusing particularly on youth-related EU programmes.

To complete this selection of existing material, supplementary information tools are produced especially for the kit: 20 projector transparencies concerning European history, policies and the EU institutions, a quiz about European issues, a simulation game on decision-making in the EU, a game motivating young people to develop their own points of view on European issues. A computer-aided information game is also developed.

The dossier is produced in English, French, German, Italian and Greek.

POUR EN SAVOIR PLUS...

Le but de ce projet est de produire un dossier informatif sur l'intégration européenne, réunissant du matériel existant et des outils créés spécifiquement à cette fin. Le dossier peut être utilisé dans des écoles et au sein des organisations de jeunesse.

Le kit contient une large gamme de matériel d'information: une vidéo sur les institutions européennes, une carte de l'UE, une vidéo sur le Mouvement fédéraliste européen, une série de brochures de la Commission européenne et du Parlement européen, portant surtout sur les programmes de l'Union en faveur des jeunes.

Pour compléter le matériel existant, des outils supplémentaires sont produits exclusivement pour le dossier: 20 transparents pour rétroprojecteur sur l'intégration européenne, les institutions de l'UE et ses politiques; un quiz sur l'Europe; un jeu sur la prise de décision au sein de l'UE et un jeu incitant les jeunes à développer leurs propres points de vue sur des thèmes européens. Un jeu informatif assisté par ordinateur est également développé.

Le dossier est produit en allemand, en grec, en anglais, en français et en italien.

COORDINATION

COORDINATION

Europäische Föderalistische Bewegung Wien
RESP.: Philipp Agathonos
Fleischmarkt 19 • A - 1010 Wien • Österreich
☎ + 43 1 5333290 • FAX: + 43 1 533294492 • E-mail: europazentrum@blackbox.at

THE PARTNERS

LES PARTENAIRES

Elliniki Kinisi Europeon Federaliston - EKEF, Athínai (Ellas)
Junge Europäische Bewegung Berlin, Berlin (Deutschland)
Nine other organisations in five EU Member States /
Neuf autres organisations dans cinq États membres de l'UE.

SUBSIDY GRANTED

SUBVENTION ACCORDÉE

ECU 37 000

EURO-INFO-KIT GOES ON-LINE (1997)

IN A FEW WORDS...

Updating and enlarging the 'Euro-info-kit for schools and youth organisations'. Integration of the kit into an existing website

EN BREF...

Mettre à jour et élargir le dossier «Euro-info-kit pour écoles et organisations de jeunesse». Intégration du kit dans un site Internet existant

TO KNOW MORE...

The first version of the kit (see page 73) has been widely accepted as an information tool about Europe both in schools and youth organisations.

This follow-up project aims at updating and enlarging the kit. The new edition is produced in English, German, Italian and Greek with a total of 1 500 copies.

New elements refer to the economic and monetary union and employment. The chapter on employment takes into account the experiences gathered during the project 'Youth-Employment-Europe' (see page 43).

New ways of dissemination are also explored, especially via the Internet, where a 'Euro-Info-Kit' homepage is set up within the website of 'Grand Place Europe' (see pages 107 and 108).

The homepage includes the content of the kit, links to other homepages dealing with Europe and information on how to get a personal copy of the kit.

A newsletter and leaflets promoting the 'Team Europe Junior' project (see page 138) are also produced and distributed with the kit.

POUR EN SAVOIR PLUS...

La première version du dossier (voir page 73) a été très bien accueillie comme outil d'information sur l'Europe dans le milieu scolaire et au sein du monde associatif.

Le présent projet en est la suite et vise à mettre à jour et à élargir le dossier. La nouvelle édition est réalisée en anglais, en allemand, en italien et en grec, avec un tirage total de 1 500 exemplaires.

Les éléments nouveaux qui sont développés concernent l'Union économique et monétaire ainsi que l'emploi. Le chapitre sur l'emploi prend en considération les expériences faites lors du projet «Youth-Employment-Europe» (voir page 43).

Le projet veut également développer de nouvelles voies de diffusion, notamment sur Internet. Ainsi, au sein du site Internet «Grand Place Europe» (voir pages 107 et 108) une page est mise en place portant sur «Euro-Info-Kit».

Cette page présente le contenu du kit et explique comment on peut se procurer un exemplaire. Des liens vers d'autres sites Internet sont également établis.

Un bulletin et des dépliants sur le projet «Team Europe Junior» (voir page 138) sont également produits et distribués avec le kit.

COORDINATION | COORDINATION

Europäische Föderalistische Bewegung Wien
RESP.: Philipp Agathonos
Fleischmarkt 19 • A - 1010 Wien • Österreich
☎ + 43 1 5333290 • FAX: + 43 1 533294492 • E-mail: europazentrum@blackbox.at

THE PARTNERS | LES PARTENAIRES

Elliniki Kinisi Europeon Federaliston - EKEF, Athínai (Ellas)
Digi-Center, Maasmechelen (Belgique)
Eight other organisations in five EU Member States
Huit autres organisations dans cinq États membres de l'UE.

SUBSIDY GRANTED | SUBVENTION ACCORDÉE

ECU 25 000

IN A FEW WORDS...

Educational kit for young environmentalists

EN BREF...

Dossier éducatif pour jeunes écologistes

TO KNOW MORE...

This project is designed to give young environmentalists information about the European Union and to make the EU more visible. This is achieved through the production of an educational kit (written information and computer games) and an Internet site.

A seminar for 30 young people from IYNF-groups all over Europe takes place in Tamere (Finland), including workshops on the structure and functioning of the EU and its meaning for young people. Speeches by Riita Myller, Finnish MEP and professors from Tamere University are also on the agenda.

After the seminar, the participants diffuse the information to their national groups and report their feedback to the IYNF office, where the education kit is then developed and an Internet site created.

Finally, a three-day follow-up seminar in Brussels brings together representatives of the IYNF's member organisations to discuss the policy of IYNF regarding the European Union.

POUR EN SAVOIR PLUS...

Ce projet vise à informer les jeunes au sein du mouvement écologiste sur l'Union européenne et à engager un débat sur l'Europe au sein de ce mouvement. Pour y parvenir, un dossier éducatif est produit (comprenant du matériel écrit et des jeux sur disquette) et un site Internet créé.

Un séminaire pour trente jeunes venant de différents groupes locaux et nationaux de l'IYNF est organisé à Tamere (Finlande). Le programme comporte des ateliers sur la structure et le fonctionnement de l'UE et son importance pour les jeunes. S'y ajoutent des interventions de Riita Myller, (MPE finlandaise), et de deux professeurs de l'université de Tamere.

Les participants diffusent ensuite l'information au sein de leurs groupes nationaux et communiquent le *feed-back* au bureau du IYNF, qui produit, par la suite, le dossier éducatif et met en place le site Internet.

Un deuxième séminaire réunit finalement les représentants des organisations membres de l'IYNF à Bruxelles pour discuter de la politique de l'IYNF vis-à-vis de l'Union européenne.

COORDINATION

COORDINATION

International Young Naturefriends - IYNF
RESP.: Ivar Dekkinga
Prinses Elisabethlaan, 167 • B - 1030 Bruxelles • Belgique
☎ + 32 2 2160933 • FAX: + 32 2 2160841 • E-mail: iynf@unicall.be • Internet: http://mac.unicall.be/iynf/

THE PARTNERS

LES PARTENAIRES

Työväen Retkeilyliitto ry - Finnish Young Naturefriends, Helsinki (Finland)
Naturfreundejugend Österreichs - Austrian Young Naturefriends, Wien (Österreich)
All member organisations of the IYNF are involved
Toutes les organisations membres de l'IYNF sont impliquées.

SUBSIDY GRANTED

SUBVENTION ACCORDÉE

ECU 35 000

PASSEPORT POUR L'EUROPE (1997)

IN A FEW WORDS...

Production of an educational pack for young travellers

EN BREF...

Production d'un kit pédagogique pour jeunes voyageurs

TO KNOW MORE...

'Passport for Europe' is a project for young people aged between 16 and 25 years. In 1996, over 10 000 young people participated in it. The project aims to get young people to travel in Europe, to meet their peers and to increase their knowledge about Europe.

The 1997 edition consists of the production of an educational pack in German, English, French and Danish, distributed with a catalogue that presents travel destinations all over Europe offering special activities for young travellers to discover the surrounding region and to meet the people living there. Some 18 000 copies have been distributed.

The educational pack contains a passport, in which young people can note the places they visited, their impressions about the region, the people they met, etc. It also contains 'travel tickets' giving information on themes such as democracy, solidarity or culture from a European perspective. A booklet on European topics such as the euro, the Intergovernmental Conference and the EU's youth programmes is also part of the pack.

POUR EN SAVOIR PLUS...

«Passeport pour l'Europe» est un dispositif destiné aux jeunes de 16 à 22 ans. Ayant touché environ 10 000 jeunes en 1996, ce projet tend à inciter les jeunes à se déplacer en Europe, à mieux la connaître et à faire des rencontres.

L'édition de 1997 prévoit la production d'un kit pédagogique en allemand, en anglais, en français et en danois, diffusé à 18 000 exemplaires, combiné avec un catalogue intitulé «*Euro étapes*». Ce catalogue présente des lieux d'accueil partout en Europe offrant aux jeunes en déplacement des activités de découverte et de rencontre.

Le kit comprend un passeport dans lequel le jeune peut consigner ses étapes de voyage, ses impressions, ses rencontres. S'y ajoutent, sous forme de «billets de voyage», des fiches d'information sous l'angle européen, sur la démocratie, la solidarité, la culture, etc. Un livret sur l'actualité européenne (l'euro, la Conférence intergouvernementale, les programmes communautaires pour jeunes) fait également partie du kit.

COORDINATION

COORDINATION

Organisation Mondiale du Mouvement Scout - Région Européenne
RESP.: Richard Amalvy
299, avenue Molière • B - 1050 Bruxelles • Belgique
☎ + 32 2 3461686 • FAX: + 32 2 3460007 • E-mail: eurobureau@euroscout.knooppunt.be

THE PARTNERS

LES PARTENAIRES

Les Scouts de France, Paris (France)
Verband Christlicher Pfadfinderinnen und Pfadfinder, Nürnberg (Deutschland)
KFUM - SiD, Hellerup (Danmark)
The Scout Association, London (United Kingdom)

SUBSIDY GRANTED

SUBVENTION ACCORDÉE

ECU 25 000

EUROPA SEIM FRONTEIRAS (1995)

IN A FEW WORDS...

Creation of a local information centre and organisation of a competition

EN BREF...

Création d'un centre d'information local et organisation d'un concours

TO KNOW MORE...

This project takes place in the region of Guarda, where many young people, despite the rural exodus, live.

The objective is to create a local information centre where young people can get information about the possibilities of working, studying and taking part in exchanges within the European Union.

Unemployed young people, students and young workers are involved actively in the creation of this centre. The Frei Pedro Foundation uses its radio station and newspaper to make the project known amongst young people.

In parallel to the creation of the centre and in order to make publicity for it, a competition is organised with the theme 'The European Union seen by young people'. The competition is open to pupils and students and encourages them to express their ideas either in writing, or through art.

The winners are invited to spend a week in Brussels and their works are exhibited in the newly created information centre.

POUR EN SAVOIR PLUS...

Ce projet se déroule dans la région de Guarda, où vivent, malgré l'exode rural, beaucoup de jeunes.

L'objectif est de créer un centre d'information local où des jeunes peuvent se renseigner sur les possibilités de travail, d'études et d'échanges au sein de l'Union européenne.

Des jeunes sans emploi, des étudiant(e)s et des jeunes travailleurs sont activement impliqués dans la création de ce centre. La fondation Frei Pedro utilise sa station de radio et son journal pour faire connaître le projet auprès des jeunes.

Parallèlement à la création du centre, et pour le faire connaître au niveau national, un concours est organisé sur le thème «L'Union européenne vue par les jeunes», ouvert aux élèves et aux étudiant(e)s sur l'ensemble du territoire national portugais. Le concours incite les jeunes à exprimer leurs idées soit par écrit, soit d'une façon artistique.

Les gagnants sont invités à passer une semaine à Bruxelles, et leurs travaux sont exposés au centre d'information nouvellement créé.

COORDINATION

COORDINATION

Fundação Frei Pedro
RESP.: Virgilio Mendes Arderius
R. Soeiro Viegas, 2-B • P - 6300 Guarda • Portugal
☎ + 351 71 214166/214043 • FAX: + 351 71 221482
E-mail: tb@domdigital.pt • Internet: http://www.freipedro.pt/

THE PARTNERS

LES PARTENAIRES

Instituto Italiano Richeche - IFREDI, Potenza (Italia)
Associación de Veins, Barcelona (España)

SUBSIDY GRANTED

SUBVENTION ACCORDÉE

ECU 20 000

IN A FEW WORDS...

Informing secondary school pupils through conferences, exhibitions and a brochure

EN BREF...

Informer des élèves d'écoles secondaires à travers des conférences, une brochure et des expositions

TO KNOW MORE...

Entitled 'Knowing our European partners', this project aims at informing secondary school pupils about the European Union.

Several ways are chosen to accomplish this task: lectures, audiovisual and printed material, as well as exhibitions.

First, each participating school organises conferences with experts in European matters. Using audiovisual and printed material, they inform the pupils about various aspects of the EU, such as the treaties, institutions, programmes for young people and Structural Funds, etc.

In the following phase, a brochure is produced and distributed to the pupils, informing them about famous Europeans from each Member State. These can be great scientists, artists or other personalities that contributed in exceptional ways to the progress of humanity.

The students in each school then organise an exhibition for their fellow students, presenting the opportunities Europe offers concerning studies and leisure activities.

Finally, 10 students participate in a study trip to Brussels, Strasbourg and Luxembourg.

POUR EN SAVOIR PLUS...

Intitulé «Connaître nos partenaires européens», ce projet vise à informer les élèves des écoles secondaires sur l'Union européenne.

Plusieurs moyens sont combinés pour y arriver: des conférences, des supports audiovisuels et imprimés ainsi que des expositions.

Les écoles participantes organisent, d'abord, des conférences avec des experts en matière européenne. Utilisant des supports audiovisuels et imprimés, ces experts informent les élèves sur différents aspects de l'UE, tels que les traités, les institutions, les programmes pour les jeunes, les Fonds structurels, etc.

Puis, une brochure sur des personnalités célèbres de chaque État membre est éditée et diffusée aux élèves. Il s'agit de scientifiques, d'artistes ou autres personnalités ayant contribué de manière exceptionnelle au progrès de l'humanité.

Les élèves de chaque école concernée organisent ensuite une exposition pour leurs collègues, afin de les informer sur les possibilités que leur offre l'Europe en matière d'études et de loisirs.

Dix élèves participent finalement à un voyage d'études à Bruxelles, à Strasbourg et à Luxembourg.

COORDINATION

COORDINATION

Association for Social and Cultural Studies
RESP.: V. Hatziantoniou
31 Akadimias str. • GR - 10672 Athínai ... Ellas
☎ + 30 1 3631900/3629600 • FAX: + 30 1 3618603

THE PARTNERS

LES PARTENAIRES

Organisation for Vocational Education and Training, Lamia (Ellas)
Gewerblich-technische Schulen der Stadt Offenbach am Main, Offenbach (Deutschland)
Magestil Escola Professional, Lisboa (Portugal)

SUBSIDY GRANTED

SUBVENTION ACCORDÉE

ECU 25 000

IN A FEW WORDS...

Research on methods of informing young people of European issues in rural schools

EN BREF...

Recherche de méthodes pour donner aux jeunes des écoles rurales une information européenne

TO KNOW MORE...

The aim of the project is to determine the most cost-effective method of informing young people of European issues in rural schools.

This project is carried out in two phases.

During the first phase, each organisation sends out the same questionnaire to schools in their region.

The results are documented in country reports, listing the European information services available to rural schools, as well as their information needs.

The field research consists of pilot European information services carried out by the partners in selected rural schools. The aim of these pilot projects is to assess their effectiveness.

They are also the basis for the recommendations addressed to the European Commission on the most cost-effective method of providing a European information service to rural schools. The recommendations also define what information should be supplied and what a successful information pack should contain.

POUR EN SAVOIR PLUS...

Le but du projet est de déterminer les moyens les plus efficaces d'informer les jeunes des écoles rurales sur les questions européennes.

Ce projet est réalisé en deux phases.

D'abord, chaque organisation envoie un questionnaire aux écoles locales de sa région.

Les résultats font l'objet de rapports nationaux, énumérant les services d'information européenne accessibles aux écoles rurales ainsi que les besoins d'information de ces écoles.

Ensuite, les partenaires lancent, dans des écoles rurales sélectionnées, des services d'information européenne pilotes, avec pour but d'évaluer leur efficacité.

Se fondant sur ces expériences, les partenaires formulent des recommandations adressées à la Commission européenne concernant la méthode la plus efficace de diffusion d'information européenne au sein des écoles rurales. Ils définissent l'information à fournir ainsi que le contenu adéquat d'un dossier d'information type.

COORDINATION

COORDINATION

ORBIT Carrefour
RESP.: Paul James
High Street • The Old Council Offices • UK - PR3 1EB Garstang • United Kingdom
☎ + 44 995 601 207 • FAX: + 44 995 601 208

THE PARTNERS

LES PARTENAIRES

EF's Regionale INFO Centre, Jelling (Danmark)
West Waterford Development Partnership, Lsimore (Ireland)
Carrefour da Reggio Emilia, Reggio Emilia (Italia)
Siena Carrefour, Quercegrossa (Italia)
Carrefour Galicia, Santiago de Compostela (España)

SUBSIDY GRANTED

SUBVENTION ACCORDÉE

ECU 30 000

IN A FEW WORDS...

Creation of a mobile information unit and production of schools packs about the EU

TO KNOW MORE...

Through combined actions, this project aims to raise awareness of European citizenship amongst young people in Brent, Sarcelles and Foggia. Special attention is given to youngsters from ethnic minority groups or those at risk of social exclusion.

A mobile resource unit is set up by the partners to provide information on citizenship and Europe to young people in housing estates, schools, youth centres and at community events of the cities involved.

Linking with local careers services, the mobile unit also focuses on job-related information, developing young people's awareness of issues such as workers' rights in the EU and mobility.

The unit is combined with a video box, enabling young people to produce videos about civic and European issues.

Young people from the three cities also participate in the production of EU schools packs in English, French, Italian and Arabic. These can be used by both the mobile unit and teachers.

The results of the project were presented at an international youth conference in Brussels in October 1997.

EN BREF...

Création d'une unité mobile d'information et production de dossiers éducatifs sur l'UE

POUR EN SAVOIR PLUS...

À travers des actions combinées, ce projet vise à sensibiliser les jeunes de Brent, de Sarcelles et de Foggia à la citoyenneté européenne. Les jeunes issus de groupes ethniques minoritaires ou menacés d'exclusion sociale sont particulièrement visés.

Une unité mobile d'information, mise au point par les partenaires, passe dans les quartiers, les écoles, les centres de jeunes et lors d'événements locaux des trois villes pour informer sur l'Europe et la citoyenneté.

En coopération avec des services locaux pour l'emploi, l'unité mobile fournit également des informations sur l'emploi, abordant des thèmes tels que les droits des travailleurs dans l'UE et la mobilité.

L'unité mobile est équipée de matériel vidéo pour permettre aux jeunes de produire des films sur la citoyenneté et l'Europe.

Les jeunes des trois villes participent également à l'élaboration de dossiers éducatifs sur l'UE en anglais, en français, en italien et en arabe. Ces dossiers peuvent être utilisés par l'unité mobile et au sein des écoles.

Les résultats du projet sont présentés lors d'une conférence internationale de jeunes à Bruxelles en octobre 1997.

COORDINATION | COORDINATION

London Borough of Brent
RESP.: George Benham, Emmanuelle Filsjean
Brent Town Hall • Forty Lane, Wembley • UK - HA9-9HX Middlesex • United Kingdom
☎ + 44 181 9371041 • FAX: + 44 181 9371050
E-mail: emmanuelle.filsjean@brent.gov.uk • Internet: http://www.brent.gov.uk/

THE PARTNERS | LES PARTENAIRES

Provincia di Foggia, Foggia (Italia)
Ville de Sarcelles, Sarcelles (France)

SUBSIDY GRANTED | SUBVENTION ACCORDÉE

ECU 30 000

IN A FEW WORDS...

Mobile exhibition combined with information actions

TO KNOW MORE...

This 'information caravan' is a mobile exhibition shown in Barcelona, Marseilles, Strasbourg, Bonn, Berlin, Warsaw, Vienna, Milan, Turin and Genoa.

Its objective is to encourage communication with young people and to inform them about the programmes of the European Union such as Leonardo, Socrates and Youth for Europe III.

A group of 30 'communication operators' (six from each country) and the necessary technical equipment are transported on several vehicles. The communication operators are young people who studied or have professional experience in the information and communication sector.

At each stop, they organise information actions in the various cities, involving not only young people but also the local media.

The principal topics of these actions are the employment and study prospects offered to young people through European integration. The actions inform young people directly or lead to the production of information material which can be used by other organisations.

EN BREF...

Exposition itinérante combinée avec des actions d'information

POUR EN SAVOIR PLUS...

Cette «caravane de l'information» est une exposition itinérante montrée à Barcelone, à Marseille, à Strasbourg, à Bonn, à Berlin, à Varsovie, à Vienne, à Milan, à Turin et à Gênes.

Son objectif est d'encourager la communication avec les jeunes et de les informer sur les programmes de l'Union européenne comme Leonardo, Socrates et «Jeunesse pour l'Europe III».

Un groupe de 30 «opérateurs de communication» (six de chaque pays) et l'équipement technique nécessaire sont transportés sur plusieurs véhicules. Les opérateurs de communication sont des jeunes ayant fait leurs études ou des expériences professionnelles dans le secteur de l'information.

À chaque arrêt du convoi, ils organisent des actions d'information pour les jeunes dans les différentes villes, impliquant non seulement des jeunes, mais aussi les médias locaux.

Les thèmes principaux de ces actions sont les perspectives d'emploi et d'études offertes aux jeunes par l'intégration européenne. Les actions informent les jeunes directement ou mènent à la production de matériel d'information qui peut être utilisé par d'autres organisations.

COORDINATION | COORDINATION

Dati & Strategie
RESP.: Gian Andrea Barelli
Via Cairoli, 11 4/0 • I - 16124 Genova • Italia
☎ + 39 10 2477591 • FAX: + 39 10 2512326
E-mail: barelli@euroframe.it • Internet: http://www.euroframe.it

THE PARTNERS | LES PARTENAIRES

Ecole de Journalisme de l'Université d'Aix-Marseille, Marseille (France)
Recursos d'Animació Intercultural - RAI, Barcelona (España)
Eurocultura Center E. Benizelou, Thessaloniki (Ellas)
Instytut Dzienknkrstwa, Warszawa (Poland/Pologne)

SUBSIDY GRANTED | SUBVENTION ACCORDÉE

ECU 40 000

LA CITOYENNETÉ ET LA CONSTRUCTION EUROPÉENNE: UNE EXPOSITION ITINÉRANTE À TRAVERS L'EUROPE LAITIÈRE (1995)

IN A FEW WORDS...

Mobile exhibition about the past and present situation of dairy products in Europe

EN BREF...

Exposition itinérante sur l'histoire et la situation actuelle des produits laitiers en Europe

TO KNOW MORE...

The initiators of this project organise a mobile exhibition on milk and dairy products in Europe.

Three groups of students from schools in rural areas work together to create the mobile exhibition, with the first section dedicated to the history of milk production and processing in the EU countries.

The second section deals with the common agricultural policy (CAP). It presents the development of milk production and trade, focusing on the latest regulations of the CAP and microbiological standards.

The final section covers the issue of mobility for graduates of the milk processing industry: recognition of diplomas, coherence of education and training as well as the social and cultural problems linked to mobility.

By staying for five to seven days in each participating country, the students are able to visit associations and enterprises in the dairy sector and to take photographs and videos, to be presented in the exhibition.

POUR EN SAVOIR PLUS...

Les initiateurs de ce projet organisent une exposition itinérante sur la production laitière en Europe.

Trois groupes d'élèves d'écoles rurales travaillent ensemble pour créer l'exposition, dont la première partie est consacrée à l'histoire de la production et de la transformation laitière dans les pays de l'UE.

La deuxième partie traite de la politique agricole commune (PAC). Elle présente l'évolution de la production et du commerce des produits laitiers, insistant sur les derniers règlements de la PAC et sur les normes microbiologiques.

La dernière partie concerne la question de la mobilité pour les jeunes diplômés de l'industrie laitière: reconnaissance des diplômes, cohérence de la formation, problèmes socioculturels liés à la mobilité.

Passant de cinq à sept jours dans chaque pays participants, les élèves visitent des entreprises et des associations du secteur laitier pour prendre des photos et des vidéos, à présenter dans l'exposition.

COORDINATION

COORDINATION

Région Franche-Comté
RESP.: Guylaine Chouissa, Jean Roger Martin
Square Castan, 4 • F - 25031 Cedex Besançon • France
☎ + 33 3 81616154 • FAX: + 33 3 81831292 • E-mail: euronov@mail.fc-net.fr

THE PARTNERS

LES PARTENAIRES

École Nationale d'Industrie Laitière - ENIL, Besançon-Mamirolle (France)
Universita Cattolica Del Sacro Cuore, Piacenza (Italia)
Groenhorst College, Ede (Nederland)
Entente Européenne pour l'Enseignement Laitier - Europel, La Roche sur Foron (France)

SUBSIDY GRANTED

SUBVENTION ACCORDÉE

ECU 40 000

IN A FEW WORDS...

Production of leaflets

TO KNOW MORE...

The Young European Federalists (JEF) work together with national and international youth structures to create a series of leaflets on the Intergovernmental Conference (IGC) in all the official languages of the EU.

The series starts with background information on the European unification process, the procedure of the IGC, and how it affects young people etc.

The other leaflets are topic related, dealing with:

- the 1996 citizens' charter against racism;
- the protection of the environment;
- the reform of the institutions;
- European citizenship;
- youth unemployment;
- foreign and security policy;
- enlargement towards eastern Europe.

The topic-related leaflets are produced in cooperation with youth organisations working directly in these fields.

Each publication is made known through media presentations and distributed by JEF, as well as through the communication channels of the organisations involved.

An electronic version of the leaflets is available on the JEF Internet site.

EN BREF...

Production de dépliants

POUR EN SAVOIR PLUS...

Les Jeunes Fédéralistes Européens (JEF) coopèrent avec d'autres organisations de jeunesse pour éditer, dans les langues officielles de l'UE, des dépliants sur la Conférence intergouvernementale (CIG).

La série commence par une information de fond sur l'intégration européenne, la procédure de la CIG et son incidence sur les jeunes.

D'autres dépliants thématiques traitent de sujets divers:

- la charte des citoyens contre le racisme de 1996;
- la protection de l'environnement;
- la réforme des institutions;
- la citoyenneté européenne;
- le chômage des jeunes;
- la politique étrangère et de sécurité;
- l'élargissement vers l'Europe de l'Est.

Les dépliants sont produits en coopération avec des organisations travaillant directement dans ces domaines.

Publiés à travers les médias, les dépliants sont distribués par les JEF ainsi que par les réseaux d'échange d'informations des organisations impliquées.

Une version électronique des dépliants est disponible sur le site Internet des JEF.

COORDINATION / COORDINATION

Young European Federalists - JEF
RESP.: Tobias Flessenkemper
Place du Luxembourg plein, 1 • B - 1050 Bruxelles • Belgique
☎ + 32 2 5120053 • FAX: + 32 2 5126673
E-mail: jef.europe@euronet.be • Internet: http://www.alli.fi/~jef/

THE PARTNERS / LES PARTENAIRES

The national sections of JEF in all Member States as well as in 12 other countries in Europe
Les sections nationales des JEF dans les États membres et dans douze autres pays.

SUBSIDY GRANTED / SUBVENTION ACCORDÉE

ECU 24 000

C.I.E.

EDUCAZIONE ALLA PARI - L'EUROPE ANTIRACISTE DANS LE TRAVAIL (1997)

IN A FEW WORDS...

Production of a brochure and organisation of information sessions for young trade unionists

EN BREF...

Production d'une brochure et organisation de sessions d'information à destination de jeunes syndicalistes

TO KNOW MORE...

The objective of this project is to inform young trade union representatives aged under 25 on the European Union's policy in the field of employment and lifelong learning and also on the European Year against Racism, particularly the integration of workers coming from third countries.

To achieve this, the Centre of Initiative for Europe in Turin collaborates with its partner organisations to organise information sessions for these young people. The sessions include the participation of experts as well as the establishment of work groups.

The young trade union representatives involved in Italy, Spain and France also form teams to produce a brochure in three languages dealing with the themes mentioned above.

The young people will then disseminate the information within their companies and at the assembly meetings of their trade unions.

POUR EN SAVOIR PLUS...

L'objectif de ce projet est d'informer, dans les pays participants, de jeunes représentants syndicaux de moins de 25 ans sur la politique de l'Union européenne en matière d'emploi et de formation continue ainsi que sur l'Année européenne contre le racisme, notamment en ce qui concerne l'intégration des travailleurs venant de pays tiers.

À cette fin, des séminaires d'information sont organisés pour ces jeunes par le Centre d'Initiative pour l'Europe de Turin, en collaboration avec les organisations partenaires, impliquant l'intervention d'experts et la mise en place de groupes de travail.

Les jeunes représentants syndicaux impliqués en Italie, en Espagne et en France forment également des groupes de travail pour produire, ensemble, une brochure trilingue sur les thèmes en cause.

Par la suite, les jeunes agiront comme multiplicateurs, diffusant l'information au sein de leurs entreprises et lors des assemblées de leurs syndicats.

COORDINATION

COORDINATION

Centro di Iniziativa per l'Europa del Piemonte - C.I.E.
RESP.: Piero Pirotto
via Pedrotti 5 • I - 10152 Torino • Italia
☎ + 39 11 2442388 • FAX: + 39 11 2442434 • E-mail: cgil.upcid@arpnet.it

THE PARTNERS

LES PARTENAIRES

Fédération des Jeunesses Syndicalistes Force Ouvrière, Paris (France)
Comisiones Obreras, Madrid (España)

SUBSIDY GRANTED

SUBVENTION ACCORDÉE

ECU 20 000

IN A FEW WORDS...

Campaign of promotion in the field of youth information

EN BREF...

Campagne de promotion dans le domaine de l'information pour les jeunes

TO KNOW MORE...

Throughout Europe there are approximately 3 500 'generalist' youth information offices, providing young people with relevant information.

The national coordinating units of these offices have already established European cooperation links, however on a local and regional level, awareness of existing European structures cannot be guaranteed.

To inform both young people and those who work with young people at such levels about the services which already exist, and in particular about those existing in other European countries, this campaign project has been developed.

A poster map of Europe showing the national networks, a booklet describing the main youth information networks and services in each country and containing a list of addresses of selected centres, and another poster presenting the European Youth Information Charter make up the tools of the campaign.

All the materials produced in the framework of the project are widely distributed throughout the EU, either directly to regional and local youth structures or to relevant national structures for further distribution.

POUR EN SAVOIR PLUS...

Il existe, à travers l'Europe, environ 3 500 centres d'information «généralistes» s'occupant de l'information pour les jeunes.

Tandis que les organismes coordinateurs de ces centres au niveau national ont déjà établi des structures de coopération européenne, cela n'est pas souvent le cas au niveau régional ou local.

Le présent projet de campagne a été développé pour informer les jeunes et ceux qui s'occupent de la jeunesse aux niveaux régional et local sur les services existants s'adressant aux jeunes, surtout dans d'autres États membres.

Une carte d'Europe en format d'affiche indiquant les réseaux nationaux fait partie de cette campagne, de même qu'une brochure présentant les principaux réseaux d'information pour les jeunes dans chaque pays ainsi qu'un certain nombre d'adresses utiles. S'y ajoute un poster reprenant la charte européenne de l'information pour les jeunes.

Tous ces matériaux sont distribués à travers toute l'UE, soit par envoi direct aux structures régionales et locales de jeunesse, soit par envoi aux structures nationales pour diffusion ultérieure à travers leurs réseaux.

COORDINATION | COORDINATION

Instituto de la Juventud INJUVE
RESP.: Maïté Benavides Castro
Calle Marqués de Riscal, 16 • E - 28010 Madrid • España
☎ + 34 1 3477833/15 • FAX: + 34 1 3199338
E-mail:benavides@mtas.es • Internet:http://www.mtas.es/injuve

THE PARTNERS | LES PARTENAIRES

Ungdomsinformationen, København (Danmark)
Info Jeugd Nationaal - IJN, Antwerpen (Belgique)
European Youth Information and Counselling Agency - ERYICA, Paris (France)

SUBSIDY GRANTED | SUBVENTION ACCORDÉE

ECU 27 000

IN A FEW WORDS...

Informing young people in northern European countries about the EU

EN BREF...

Diffusion d'informations sur l'UE auprès des jeunes dans les pays du nord de l'Europe

TO KNOW MORE...

This project is based on the analysis that public opinion in the countries of northern Europe is out of step with that in the rest of Europe. Increased Euro-scepticism in these countries may make it harder to secure popular consent for European integration in the years to come.

The project therefore aims to inform young people in these countries about the EU and the perspectives of European integration. It also wants to develop and strengthen youth structures which will be able to continue the information work beyond the project.

A range of different information material is produced including a newspaper, leaflets, posters, badges and stickers. A number of national, regional and local information events are organised to disseminate the material.

Young people are the target of this action and particularly those who are not involved in any youth organisations. It is also hoped to involve Norwegian young people in the project.

POUR EN SAVOIR PLUS...

Ce projet est fondé sur le constat que l'opinion publique dans les pays de l'Europe du Nord fait preuve d'un euroscepticisme plus marqué que dans le reste de l'Europe. Cela pourrait rendre plus difficile d'obtenir, lors des référendums à venir, l'adhésion des populations au projet de l'intégration européenne.

Par conséquent, ce projet vise à informer les jeunes dans ces pays sur l'UE et les perspectives de l'intégration européenne. Il veut également développer des structures de jeunesse capables de poursuivre le travail d'information au-delà du projet.

Une gamme de matériel d'information est donc produite, comprenant un journal, des dépliants, des affiches, des badges et des autocollants. Pour diffuser ce matériel, des actions d'information aux niveaux national, régional et local sont organisées.

Le public cible sont les jeunes dans les cinq États membres de l'UE d'Europe du Nord, et plus spécifiquement ceux qui ne sont pas membres d'une organisation de jeunesse. Les initiateurs espèrent également pouvoir impliquer des jeunes norvégiens dans le projet.

COORDINATION

COORDINATION

European Movement UK
RESP.: Richard Laming
Dean Bradley House • 52 Horseferry Road • UK - SW London • United Kingdom
☎ + 44 171 2331422 • FAX: + 44 171 7992817 • E-mail: richard.laming@euromove.org.uk

THE PARTNERS

LES PARTENAIRES

Europæisk Ungdom, København (Danmark)
Unga Européer, Stockholm (Sverige)
Europæisk Ungdom, Oslo (Norway/Norvège)

SUBSIDY GRANTED

SUBVENTION ACCORDÉE

ECU 25 000

IN A FEW WORDS...

Creation of an Internet page and organisation of local information activities

EN BREF...

Création d'un site Internet et organisation d'actions d'information locales

TO KNOW MORE...

This project combines actions at transnational and local levels to inform young people about the European Union, its institutions and programmes.

Together with their partners, the initiators of the project develop an Internet page in German, Portuguese, French and Spanish. The www-page contains information on Europe and offers links to other web-pages that contain similar information.

Additionally, each participating organisation undertakes local actions in disadvantaged areas of their city, with the aim of familiarising youngsters in these areas with European programmes for young people and with the work of the European institutions in general.

These local actions take different forms such as European information boards in teaching centres, talks, conferences and seminars about Europe, local radio programmes, leaflets about the EU and publications in newspapers and magazines.

POUR EN SAVOIR PLUS...

Ce projet combine des actions aux niveaux transnational et local pour informer des jeunes sur l'Union européenne, ses institutions et ses programmes.

Avec leurs partenaires, les initiateurs du projet mettent en place un espace sur Internet en allemand, en portugais, en français et en espagnol. Cet espace présente des informations sur l'Europe et offre des liens avec d'autres sites similaires.

De plus, chaque organisation participante lance des activités locales dans les quartiers défavorisés de leur ville, avec l'objectif d'informer les jeunes de ces quartiers sur les programmes européens pour jeunes et sur le travail des institutions européennes en général.

Ces actions locales peuvent prendre différentes formes telles que des points d'information européenne dans les centres de formation, des conférences et des séminaires sur l'Europe, des émissions de radio locales, des dépliants ou des publications dans les journaux et les magazines.

COORDINATION | COORDINATION

Semilla para la integración social del Joven
RESP.: Luis O. Reyes Torrecrosa
Albino Hdez. Lazaro 20 • E - 28021 Madrid • España
☎ + 34 1 7974819 / 7986955 • FAX: + 34 1 7974819 / 7984351 • E-mail: CIOJ2@legendnet.net

THE PARTNERS | LES PARTENAIRES

Institut für angewandte Pädagogik - IFAP, Heidelberg (Deutschland)
Association Dynamo, Bruxelles (Belgique)
Association Ánima, Porto (Portugal)

SUBSIDY GRANTED | SUBVENTION ACCORDÉE

ECU 30 000

IN A FEW WORDS...

Production of audiovisual and written information tools and the creation of an Internet site

TO KNOW MORE...

This project consists of an information campaign about the European Union targeted at young people in Spain, Greece and Denmark.

The objective is to make young people aware of the importance of the Intergovernmental Conference of 1996 and to inform them on key issues of the European Union, its institutions and policies.

The project uses audiovisual means, the Internet and written material to achieve this objective.

A video film is produced in Catalan, Greek and Danish and is distributed through schools and associations. The copy rights of the video as well as the right of adaptation into other languages are given free of charge to any interested association.

The written material which is produced in the course of the project allows young people to deepen their knowledge of the issues mentioned and gives them the chance to express themselves in the form of individual or collective contributions.

An Internet page is created to publicise the project and to facilitate discussions and the exchange of ideas.

EN BREF...

Production d'outils d'information audiovisuels et écrits et création d'un site Internet

POUR EN SAVOIR PLUS...

Ce projet consiste en une campagne d'information sur l'Union européenne adressée aux jeunes en Espagne, en Grèce et au Danemark.

Il s'agit de les sensibiliser à l'importance de la Conférence intergouvernementale de 1996 et de les informer sur les thèmes prioritaires de l'Union, ses institutions et ses politiques.

Le projet utilise des moyens audiovisuels et informatiques ainsi que du matériel écrit pour répondre à ces objectifs.

Une vidéo, produite en catalan, en grec et en danois, est diffusée à travers des associations et des écoles de formation secondaire. Toute association intéressée peut obtenir gratuitement la cession des droits de reproduction et de doublage de cette vidéo.

Le matériel écrit produit au cours du projet permet aux jeunes d'approfondir les thèmes concernés et leur donne également la possibilité de s'exprimer avec des contributions individuelles ou collectives.

À ces outils s'ajoute un site Internet pour faire connaître le projet et pour stimuler les échanges et les débats.

COORDINATION | COORDINATION

Fundación Nous Horitzons
RESP.: Evita Pitarch Salgado
Rue Pedrell, 22 2n 1a • E - 08002 Barcelona • España
☎ 34 3 3474538

THE PARTNERS | LES PARTENAIRES

Left Youth League, Athínai (Ellas)
Socialistisk Folkeparties Ungdom, København (Danmark)

SUBSIDY GRANTED | SUBVENTION ACCORDÉE

ECU 20 000

IN A FEW WORDS...

A monthly newsletter, radio programmes and an interactive PC terminal with information on the EU and set up by young people for young people

EN BREF...

Un bulletin mensuel, des émissions de radio et une borne interactive informant sur l'UE et réalisés par des jeunes pour des jeunes

TO KNOW MORE...

During the project, three information tools are conceived and developed by young people in order to inform fellow youngsters about Europe.

These tools are a monthly bulletin entitled '*Euromag*', radio programmes broadcasted on Radio Euro Info Pyrénees Métropole and an interactive PC terminal called 'Euroglox'.

All the research of information on European issues as well as the writing of the articles, the structure of the radio programmes and the interactive PC terminal, is carried out by young people in occupational integration schemes.

The majority of them have left school very early and enter the labour market with few qualifications.

The project enables them to increase their qualifications, to develop their creativity, to meet young people in partner countries and to find out about the European Union.

A series of meetings and seminars is held in several countries of the Union in order to carry out the project.

POUR EN SAVOIR PLUS...

Au cours du projet, trois supports d'information sur l'Europe sont conçus et réalisés par des jeunes pour des jeunes.

Il s'agit d'un bulletin mensuel intitulé «*Euromag*», d'émissions radiophoniques diffusées sur Radio Euro Info Pyrénées Métropole et d'une borne interactive nommé «Euroglox».

Toute la recherche de l'information et de la documentation européenne, l'écriture et la rédaction des articles, la conception des émissions de radio et de la borne interactive sont réalisées par des jeunes en insertion professionnelle.

La plupart d'entre eux ont quitté le système scolaire très tôt et se retrouvent sur le marché du travail avec des qualifications restreintes.

Le projet Euro Info Mags leur permet alors d'élargir leurs qualifications, de développer leur créativité, de rencontrer des jeunes des pays partenaires et de découvrir l'Union européenne.

Pour mener à bien le projet, une série de rencontres et de séminaires sont réalisés dans plusieurs pays de l'Union.

COORDINATION | COORDINATION

Radio Euro Info Pyrénées Métropole - E.I.P.M.
RESP.: Michel Vauthelin
6, rue Maréchal Foch • F - 64000 Pau • France
☎ + 33 559279919 • FAX: + 33 559272500

THE PARTNERS | LES PARTENAIRES

Radio Nederland, Hilversum (Nederland)
Radio Ourthe Ambleve et Radio Impulsion, Liège (Belgique)
Radio Dreyeckland, Freiburg (Deutschland)
Radio Limerick, Dublin (Ireland)
Ministère de la Culture et de la Communication -
Fonds de soutien à l'expression radiophonique, Paris (France)
Mission Locale pour les Jeunes, Pau (France)
Ministère de la Jeunesse et des Sports, Pau (France)

SUBSIDY GRANTED | SUBVENTION ACCORDÉE

ECU 30 000

UN RADIOGIORNALE PER I GIOVANI D'EUROPA (1994)

IN A FEW WORDS...

Production of radio programmes on the European Union

EN BREF...

Production d'émissions de radio sur l'Union européenne

TO KNOW MORE...

The 'Radiogiornale' aims to inform youngsters through weekly radio programmes about the present situation and the future of the European Union, paying special attention to initiatives for young people.

In each of the participating countries, the weekly programmes of 15 to 20 minutes are broadcast for 12 weeks.

The first part of every programme introduces the history and the policies of the European Union (the institutions, the Social Charter, economic and monetary union, etc.).
The second part focuses on initiatives in favour of young people (programmes like Leonardo, Comenius and EURES; projects like 'European Youth Parliament' or 'Caravan of information' (see page 81).

The central editorial team at the Centro di Initiativa Europa collects the information material for the production of the programmes and defines their general structure, whereas the local teams in the partner countries are in charge of the broadcasting and complete the programmes by comments and interviews.

POUR EN SAVOIR PLUS...

«Radiogiornale» se propose d'informer la jeunesse à travers un radiojournal hebdomadaire sur la réalité actuelle et le futur de l'Union européenne en prêtant un intérêt particulier aux initiatives concernant les jeunes.

Dans chacun des pays participants, ces émissions hebdomadaires de quinze à vingt minutes sont diffusées pendant douze semaines.

Chaque émission est divisée en deux parties, dont la première porte sur l'histoire de l'Union et ses politiques, traitant, par exemple, des institutions, de la charte sociale ou de l'union économique et monétaire. La seconde présente des initiatives concernant les jeunes, tels les programmes Leonardo, Comenius et EURES, le projet «Parlement européen des Jeunes» ou encore le projet «Caravane de l'information» (voir page 81).

La rédaction centrale auprès du Centro di Initiativa Europa rassemble l'information pour la production des émissions et définit leur trame générale. Les rédactions locales auprès des partenaires s'occupent de la diffusion, tout en enrichissant les informations par des commentaires ou des interviews.

COORDINATION

COORDINATION

Centro di Iniziativa Europea - CdIE
RESP.: Massimo Gualzetti
Via Pacini, 22 • I - 20131 Milano • Italia
☎ + 39 2 70632629 • FAX: + 39 2 70633208

THE PARTNERS

LES PARTENAIRES

Radio Popolare, Milano (Italia)
Contrabanda FM/ADAI, Barcelona (España)
Radio Italienne de Lyon et du Rhône, Grenoble (France)

SUBSIDY GRANTED

SUBVENTION ACCORDÉE

ECU 35 000

EE 2000

RADIO FOR THE YOUTH OF EUROPE (1994)

IN A FEW WORDS...

Production of radio programmes on Europe

EN BREF...

Production d'émissions de radio sur l'Europe

TO KNOW MORE...

In order to inform young people in Greece about the EU, 48 programmes each 30 minutes long are produced, broadcast and then evaluated as part of the project.

The programmes cover issues such as history, development, the functioning and differing perspectives of the EU, its policies in favour of young people and also topics of particular interest to young people such as AIDS and drugs.

The presentation is amusing and yet informative at the same time, as youngsters participate actively in the production and evaluation of the programmes. The latter is made through a questionnaire distributed to parents, youngsters, journalists and teachers. All the programmes are recorded on tape and made available to interested parties.

In addition to the programmes that are broadcast twice a week and then repeated by other broadcasting stations in Greece, three editions of a newsletter on European issues (2 000 copies) are distributed to educational institutions and interested youth clubs.

POUR EN SAVOIR PLUS...

Afin d'informer les jeunes en Grèce sur l'UE, 48 émissions de radio, chacune d'une durée de 30 minutes, sont produites, diffusées et soumises à évaluation au cours de ce projet.

Les informations transmises portent sur: l'histoire, le développement, le fonctionnement et les perspectives de l'Union; les politiques de l'Union en faveur des jeunes; des thèmes comme le sida ou les drogues.

Ces thèmes sont présentés de façon aussi bien ludique qu'informative, et des jeunes participent activement à la production des émissions ainsi qu'à leur évaluation. Celle-ci est faite à l'aide d'un questionnaire distribué à des parents, à des jeunes, à des journalistes et à des professeurs. Toutes les émissions sont enregistrées et sont à la disposition de toute personne intéressée.

Parallèlement aux émissions, diffusées deux fois par semaine et retransmises par plusieurs stations en Grèce, trois éditions d'une «*Lettre d'actualités*» sur l'Europe (tirage: 2 000) sont distribuées à des établissements éducatifs et à des organisations de jeunes intéressées.

COORDINATION

COORDINATION

EE 2000 Educational Society
RESP.: Marios Nikolinakos
Stournari St. 5 • GR - 106 83 Athínai • Ellas
☎ + 30 1 3810427/3843662 • FAX: + 30 1 3832225 • E-mail: imeo@MCIMail.com

THE PARTNERS

LES PARTENAIRES

Performance 13 - Formation et Conseil, Marseille (France)
Associazione per l'Alta Formazione A.F. Forum, Roma (Italia)

SUBSIDY GRANTED

SUBVENTION ACCORDÉE

ECU 35 000

DialogueS à 15

IN A FEW WORDS...

Production of weekly radio programmes on Europe

EN BREF...

Production d'émissions de radio hebdomadaires sur l'Europe

TO KNOW MORE...

Listening to radio programmes is an important element of young people's daily life. Broadcasting is therefore a powerful tool to bring European information to this target group.

'Dialogues à quinze' therefore aims to produce weekly radio programmes of 30 minutes each on European issues. The programmes are broadcast by French-speaking radio stations in the EU.

Each programme consists of three blocks of 10 minutes. The first block presents the European institutions, the policies of the EU and its activities for young people and against exclusion. The second explores the future perspectives of European integration. Finally, the third block provides information on European cultural life.

The programmes are produced in a way that allows the participating radio stations to adapt them according to their specific needs and the demands of their listeners.

In the long term, the initiators of this project hope to get radio stations in other European countries to follow their example.

POUR EN SAVOIR PLUS...

Très écoutée des jeunes, la bande FM se prête tout particulièrement à l'introduction de l'Europe dans l'univers quotidien des jeunes et représente ainsi un multiplicateur important du message européen.

«Dialogues à quinze» vise à développer, sur les radios locales francophones de l'Union européenne des émissions hebdomadaires d'une durée de trente minutes chacune sur le thème de l'Europe.

Chaque émission comporte trois parties de dix minutes chacune. La première partie présente les institutions, les politiques de l'UE et ses actions en faveur des jeunes et contre l'exclusion. La deuxième partie traite des perspectives d'avenir de la construction européenne, tandis que la troisième partie est consacrée à la découverte du paysage culturel européen.

Les émissions sont des émissions types, permettant aux stations de radio impliquées de les adapter selon leurs moyens et en fonction de leurs auditeurs.

A long terme, ce projet veut inciter les stations de radio des autres pays de l'UE à lancer des actions similaires.

COORDINATION

COORDINATION

Dialogues à quinze
RESP.: Bruno Laforestrie, Henri Lastenouse
Rue de l'Industrie, 11 • B - 1040 Bruxelles • Belgique
☎ + 32 2 2311405 • FAX: + 32 2 2303300

THE PARTNERS

LES PARTENAIRES

EFM, Ivry (France)
Confédération Nationale des Radios Libres, Paris (France)
Radio Socio-Culturelle Honnert 7, Luxembourg (Luxembourg)
Association pour la Libération des ondes, Bruxelles (Belgique)
Radio Campus, Bruxelles (Belgique)
11 radio stations have joined the project in the following countries
onze stations de radio ont rejoint le projet dans les pays suivants: Italia, España, United Kingdom, Ireland, Deutschland, Portugal, Nederland.

GRANT ACCORDED

SUBVENTION ACCORDÉE

ECU 37 000

EUROPEAN YOUTH INFORMATION VIA BROADCASTING (1996)

IN A FEW WORDS...

Production of multilingual radio spots giving information on European issues

TO KNOW MORE...

The aim of this project is to broadcast multilingual radio spots on European issues in the regions of Stuttgart (Germany), Alexandropoulis/Evros (Greece), Sardinia and Rome (Italy).

The target group are young radio listeners and more specifically the numerous young foreigners living in these regions.

The spots cover the effects of the Maastricht Treaty on young people, the youth programmes of the EU, as well as more general issues such as the euro and educational and vocational opportunities for young people.

In each country the national language is used in the spots as the 'lingua franca' and a second language is used to reach those young people whose native language is not the national language of the region.

The spots are produced by young people and professional journalists. Every morning and every evening, for a period of six months, they are broadcast by radio stations in the three regions.

The contents of the spots are also diffused through printed material, which is disseminated by youth clubs and other local youth organisations.

EN BREF...

Production d'émissions multilingues radiodiffusées sur des thèmes européens

POUR EN SAVOIR PLUS...

Ce projet vise à produire des émissions de radio multilingues sur des thèmes européens, diffusées dans les régions de Stuttgart (Allemagne), d'Alexandropoulis/Evros (Grèce), de Sardaigne et de Rome (Italie).

Le groupe cible sont les jeunes auditeurs, et plus spécifiquement les jeunes étrangers vivant dans ces régions.

Les émissions couvrent les conséquences du traité de Maastricht sur les jeunes, les programmes de l'UE en faveur des jeunes ainsi que des thèmes plus généraux comme l'euro, l'éducation et la formation.

Dans chaque pays, la langue nationale est utilisée comme «lingua franca», et une deuxième langue s'y ajoute pour atteindre également les jeunes dont la langue maternelle n'est pas la langue nationale de la région.

Les *spots* sont produits par des jeunes et des journalistes professionnels et sont diffusés, pendant six mois, matin et soir, par des stations de radio des trois régions.

Le contenu des émissions est également diffusé sous forme de brochures par les centres de jeunes et d'autres organisations de jeunesse locales.

COORDINATION

COORDINATION

International Education Information Exchange e.V. - IEIE
RESP.: Martin A. Kilgus
Eberhardstrasse 61 • D - 70178 Stuttgart • Deutschland
☎ + 49 711 2362513/4 • FAX: + 49 711 2362515 • E-mail: ieie compuserve.com

THE PARTNERS

LES PARTENAIRES

Radio stations in / Des stations de radio à:
Stuttgart (Deutschland)
Roma (Italia)
Sardinia (Italia)
Alexandroupolis (Ellas)

SUBSIDY GRANTED

SUBVENTION ACCORDÉE

ECU 25 000

IN A FEW WORDS...

Production and broadcasting of four radio information campaigns

EN BREF...

Production de quatre campagnes d'information radiodiffusées

TO KNOW MORE...

CSV Media is the broadcasting arm of the British volunteering charity, CSV, which is the largest provider of social activism broadcasting in Europe.

In partnership with local broadcasters in eight Member States, CSV Media proposes to run four radio information and communication campaigns focusing on racism and xenophobia in Europe, the functioning of the European community, young people and European economy and the rights of the European citizen.

The campaigns are targeted at young people and created by young volunteers, aged between 15 and 25, working for local radio stations.

All partners have the opportunity to take part in a conference on skills sharing at the beginning of the project and an evaluation conference at the end.

Through the use of local radio stations with a young audience, this project contributes to spreading information focused on European issues. It also fosters and strengthens transnational links between social activism radio broadcasters and volunteers across Europe.

POUR EN SAVOIR PLUS...

CSV Media, la branche radiophonique de l'association britannique de volontaires CSV, diffuse le plus grand nombre de programmes sur l'action sociale en Europe.

En partenariat avec des stations de radio locales dans huit États membres, CSV Media produit quatre campagnes d'information radiodiffusées portant sur le racisme et la xénophobie en Europe, sur le fonctionnement de la Communauté européenne, les jeunes et l'économie européenne ainsi que sur les droits des citoyens européens.

S'adressant uniquement à un public jeune, ces campagnes sont réalisées exclusivement par de jeunes volontaires âgés de 15 à 25 ans et travaillant pour des radios locales.

Au cours du projet, les partenaires ont l'occasion de participer à une conférence pour mettre en commun leurs expériences et leurs qualifications ainsi qu'à une évaluation finale.

S'appuyant sur des radios locales s'adressant à un public jeune, ce projet contribue à diffuser des informations sur des thèmes européens et encourage également la coopération transnationale entre les radios à vocation sociale et les volontaires en Europe.

COORDINATION / COORDINATION

CSV Media
RESP.: Rosaleen Cunningham
237 Pentonville Road • UK - N1 9NJ London • United Kingdom
☎ + 44 171 2786601 • FAX: + 44 171 8335689 • E-mail: 106167.2360@compuserve.com

THE PARTNERS / LES PARTENAIRES

Radio Robin Hood, Turku (Finland)
Radio Agora TSF, Grasse (France)
Radio City Liverpool, Liverpool (United Kingdom)
Cork Campus Radio, Cork (Ireland)
Other local radio stations in eight EU Member States / D'autres stations locales dans huit États membres de l'UE.

SUBSIDY GRANTED / SUBVENTION ACCORDÉE

ECU 25 000

NEW KOINÉ (1994)

IN A FEW WORDS...

Production of an information pack including a CD, a listeners guide and a brochure

EN BREF...

Production d'un dossier d'information comprenant un CD, un guide pour les auditeurs et une brochure

TO KNOW MORE...

This project aims to portray Europe's cultural history in a creative way and what it represents for today's young Europeans.

Looking for a language ('Koiné' meaning 'language' in ancient Greek) that can be understood by young people no matter what their background is, the initiators decided to use music as the medium for this project.

Therefore, the project aims to produce an information pack consisting of a CD and a listening guide, both entitled '*A sentimental journey*', and a brochure entitled '*Go to Europe*' (30 pages).

The music on the CD presents well-known artists from all over Europe and contains elements of folk music. It attempts to make the listener aware of the presence of European cultural heritage in daily life.

The listener's guide illustrates the links between music and European cultural development, whereas the brochure provides the reader with an overview of the opportunities offered to young Europeans.

POUR EN SAVOIR PLUS...

Ce projet veut informer d'une manière créative sur l'histoire culturelle de l'Europe et sur l'impact de cette histoire sur les jeunes Européens d'aujourd'hui.

Cherchant une langue («Koiné» signifiant «la langue» en grec ancien) qui peut être comprise par tous les jeunes, quelles que soient leurs origines, les initiateurs ont décidé d'utiliser la musique comme support pour ce projet.

Les initiateurs proposent donc de produire un dossier d'information consistant en un CD et en un guide pour les auditeurs, les deux portant le titre *«A Sentimental journey» (un voyage sentimental)* ainsi qu'une brochure de trente pages intitulée *«Go to Europe» (Va vers l'Europe)*.

Sur le CD figurent des chefs-d'œuvres d'artistes européens et des morceaux de musique populaire. Le disque veut sensibiliser l'auditeur à la présence du patrimoine culturel européen dans sa vie quotidienne.

Le guide de l'auditeur illustre les liens entre la musique et le développement culturel européen, tandis que la brochure fournit au lecteur un aperçu des possibilités qu'offre l'Europe aux jeunes.

COORDINATION | COORDINATION

Associazione Louise Farrenc
RESP.: Michele Rizzi
Via Portuense, 96/6 • I - 00153 Roma • Italia
☎ + 39 6 5812474 • FAX: + 39 6 5812474

THE PARTNERS | LES PARTENAIRES

Foundation Live music now!, London (United Kingdom)
Jeunesses Musicales, Bonn (Deutschland)
Taller de musics, Barcelona (España)

SUBSIDY GRANTED | SUBVENTION ACCORDÉE

ECU 22 000

CARTOON FILM PACKAGE FOR YOUNG CONSUMERS (1995)

IN A FEW WORDS...

Production of a cartoon film and booklet

EN BREF...

Production d'un dessin animé et d'une brochure

TO KNOW MORE...

The project aims at the production of a cartoon film for youngsters between the ages of 13 and 15.

The main issues are consumer policy (including consumer's rights and product safety) and the protection of the environment.

The film refers also to the history and functions of the European institutions and to Union citizenship.

The cartoon is produced as a VHS video and lasts for around 10 minutes.

The plot concerns a young consumer travelling through the EU Member States, becoming familiar with the work of the European institutions, his/her rights as a European citizen and European consumer policy by meeting decision-makers in Brussels as well as citizens.

An additional booklet provides background information on each of the topics discussed.

Consisting of the film and brochure, the information pack is primarily designed for use in schools.

POUR EN SAVOIR PLUS...

Ce projet a pour objectif de produire un dessin animé pour des jeunes de 13 à 15 ans.

La politique des consommateurs (comprenant les droits du consommateur et la sécurité des produits) et la protection de l'environnement forment les thèmes principaux du film qui évoque aussi l'histoire et les fonctions des institutions européennes ainsi que la citoyenneté européenne.

Le film est produit sous forme de vidéo VHS et dure environ dix minutes.

Le scénario est le suivant: un jeune consommateur voyage dans les États membres de l'UE et découvre le travail des institutions européennes, ses droits en tant que citoyen européen et la politique européenne des consommateurs en rencontrant des décideurs à Bruxelles ainsi que des citoyens.

Une brochure fournit des informations plus détaillées sur chacun des sujets examinés.

Le film et la brochure, réunis dans un dossier d'information, sont principalement conçus pour les écoles.

COORDINATION

COORDINATION

Suomen Kuluttajaliitto ry
(Organisation finlandaise de consommateurs / The Finnish Consumers' Association)
RESP.: Sinikka Turunen
Mannerheimintie, 15A • FIN - 00260 Helsinki • Finland
☎ + 358 9 4542210 • FAX: + 358 9 45422120 • E-mail: Suomen@kuluttajaliitto.fi
Internet: http://www.kuluttajaliitto.fi

THE PARTNERS

LES PARTENAIRES

Swedish Consumer Council, Stockholm (Sverige)
Stiftung Verbraucherinstitut, Berlin (Deutschland)

SUBSIDY GRANTED

SUBVENTION ACCORDÉE

ECU 30 000

IN A FEW WORDS...

'Junior reporters' produce videos to be used in schools

EN BREF...

Des «reporters juniors» produisent des vidéos à l'usage des écoles

TO KNOW MORE...

'Euroclips' aims to inform young people aged 12 to 16 about European integration through video.

Through a series of six video programmes of 10 minutes each, European subjects are presented, for example, the EU institutions, the euro, European citizenship, etc.

Three young people take an active part in the production of the programmes. Assisted by a coordinator, they play the roles of junior reporters finding out about Europe.

The images chosen to illustrate their reports come from the audiovisual archives of DG X.

During a tour through 30 schools, coordinators present the topic of Europe to the pupils using the 'Euroclips' programmes. In addition, more than 150 schools not only receive the video but also a guide helping them to prepare lessons on Europe with these videos.

To stimulate the interest of young people, each programme finishes with several questions which teachers and pupils can answer by post, in order to win a trip to Brussels.

POUR EN SAVOIR PLUS...

«Euroclips» veut informer, par vidéo, les jeunes de 12 à 16 ans sur la construction européenne.

À travers une série de six émissions vidéo de dix minutes chacune, des sujets européens tels que les institutions, l'écu et la citoyenneté sont abordés.

Trois jeunes participent activement à la production des émissions. Encadrés par un animateur, ils jouent les rôles de reporters juniors, chargés d'enquêter sur l'Europe.

Les images choisies pour illustrer leurs reportages proviennent des archives audiovisuelles de la DG X.

Une tournée pédagogique est prévue auprès de 30 écoles. Au cours de cette tournée, des animateurs abordent le thème de l'Europe avec les élèves à l'aide des émissions «Euroclips». Ensuite, plus de 150 écoles reçoivent la vidéo et un guide de préparation du cours.

Pour stimuler l'intérêt des jeunes, chaque émission se termine avec plusieurs questions auxquelles les enseignants et les élèves peuvent répondre par voie postale, afin de gagner un séjour à Bruxelles.

COORDINATION

COORDINATION

Ecovision
RESP.: M. Schlenker
Metsijsdreef, 34 • B - 3090 Overijse • Belgique
☎ + 32 2 6873519 • FAX: + 32 2 6873583

THE PARTNERS

LES PARTENAIRES

Institut für Politisch-Historische Studien, Salzburg (Österreich)

SUBSIDY GRANTED

SUBVENTION ACCORDÉE

ECU 30 000

IN A FEW WORDS...

Production of a video in which children explain the euro

EN BREF...

Production d'une vidéo dans laquelle des enfants expliquent l'euro

TO KNOW MORE...

Based on the results of a pilot project which consisted of training 11 teachers and 240 children in the mechanisms of monetary exchange, the present project aims to produce a video film on the euro.

The 15-minute video shows how classes of one school using different 'currencies' agree on the creation of a unique common currency.

Produced by professionals, the film uses only the children's contributions, their explanations, comments and, above all, drawings, transformed into an animated cartoon.

Translated into the official languages of the European Union, the film is an information tool not only for youngsters, but also for their parents and the general public.

The film is distributed through various channels such as television stations, the Economic and Social Committee, primary and secondary schools, a publicity campaign in several national daily newspapers and through an exhibition and press conference at the 'Sources of Europe' centre in Paris.

POUR EN SAVOIR PLUS...

Se fondant sur les résultats d'un projet pilote antérieur, au cours duquel 11 maîtres et 240 enfants ont été formés aux mécanismes des échanges monétaires, le présent projet se propose de produire un film vidéo sur l'euro.

En quinze minutes, le film raconte comment, au sein d'une école, des classes utilisant différentes «monnaies» se mettent d'accord pour créer une monnaie unique commune.

Produit par des professionnels, le film est fait uniquement avec les contributions des enfants: leurs explications, leurs paroles et, surtout, leurs dessins, rendus vivants par les techniques du dessein animé.

Ce film, traduit dans les langues officielles de l'Union, se veut un outil d'information destiné en priorité aux jeunes mais aussi à leurs parents et au grand public.

La diffusion du film se fait par différentes voies: diverses chaînes de télévision, les réseaux du Comité économique et social, les écoles primaires et secondaires, une campagne de publicité dans plusieurs grands quotidiens nationaux ainsi qu'une exposition et une conférence de presse à l'espace «Sources d'Europe» à Paris.

COORDINATION | COORDINATION

Informer et enseigner l'Europe et la démocratie
RESP.: Christine Carbonnier
Rue Delporte A., 93 • B - 1050 Bruxelles • Belgique
☎ + 32 2 6406114 • FAX: + 32 2 6406114

THE PARTNERS | LES PARTENAIRES

Orizzonti, Roma (Italia)
École Nos Enfants, Bruxelles (Belgique)

SUBSIDY GRANTED | SUBVENTION ACCORDÉE

ECU 30 000

IN A FEW WORDS...

Young people produce video material on European citizenship

EN BREF...

Des jeunes produisent du matériel vidéo sur la citoyenneté européenne

TO KNOW MORE...

This project is targeted at young people in rural areas. It consists of the production of video material on European citizenship.

In a first step, a group of 15 young people from Germany, Ireland, France and Spain exchange ideas and suggestions concerning their views of European citizenship via the Internet and video-letters.

The elements resulting from this exchange are then used to produce the script for the video. During a training course, the video is made by the group of young people involved, with the help of professionals from theatre and video production.

The cutting of the video is also done by professionals, whereas its distribution is organised through the networks of the partner organisations and via the media covering rural areas.

In addition to this, the young people involved produce a video diary documenting the whole process of the project, combining elements from the preparatory phase and pictures shot during the training course.

POUR EN SAVOIR PLUS...

Ce projet s'adresse aux jeunes vivant en milieu rural. Il consiste à produire des documents vidéo sur le thème de la citoyenneté européenne.

La première phase du projet consiste à organiser, via Internet et des lettres vidéo, un échange d'idées et de suggestions sur ce thème entre quinze jeunes d'Allemagne, d'Irlande, d'Espagne et de France.

Les éléments résultant de cet échange sont ensuite utilisés pour élaborer le scénario d'une vidéo. Le tournage de la vidéo se fait lors d'un stage rassemblant les quinze jeunes et des professionnels du théâtre et de la vidéo.

Montée par une équipe de professionnels, la vidéo est ensuite diffusée à travers les réseaux des organisations partenaires et par les médias qui couvrent le milieu rural.

Les jeunes réalisent en plus un journal vidéo pour suivre le déroulement du projet. Ce journal vidéo combine des éléments de la phase préparatoire et des images prises sur place lors du stage.

COORDINATION

COORDINATION

Carrefour Rural Européen Rhône-Alpes
RESP.: Maurice Damon
10, Rue Richard • F - 42100 Saint-Etienne • France
☎ + 33 4 77811900 • FAX: + 33 4 77811929 • E-mail: careuro@univ-st-etienne.fr

THE PARTNERS

LES PARTENAIRES

Patronat Catala Pro Europea Carrefour de la Comunitat Europea de Lleida, Lleida (España)
Forum für den ländlichen Raum, Kassel (Deutschland)
South-East European Centre, Waterford (Ireland)

SUBSIDY GRANTED

SUBVENTION ACCORDÉE

ECU 25 000

FAMILY VIEWING: RESISTING RACISM AND XENOPHOBIA (1997)

IN A FEW WORDS...

Production of a video showing how youngsters from ethnic minorities fight racism and xenophobia

EN BREF...

Production d'une vidéo montrant comment des jeunes issus de minorités ethniques luttent contre le racisme et la xéonophobie

TO KNOW MORE...

The project produces a video and text concerning the issues of racism and xenophobia and is targeted at young people as well as the professionals that work with them.

The video shows how young people from ethnic minorities deal with, and challenge, xenophobia and racism and how they are supported by their communities. It also sets out their views of the majority culture and how they interact with it.

In the course of the project, three video case studies are produced, from the United Kingdom, France and Sweden. The studies are then edited into a single video, mass produced (1 000 copies) and circulated through networks such as schools, youth groups and community organisations.

In addition to the video, an accompanying brochure is produced and distributed containing ideas on how to use the video.

POUR EN SAVOIR PLUS...

Le projet concerne la production d'une vidéo assortie d'une brochure sur les questions du racisme et de la xénophobie, destinées aux jeunes ainsi qu'aux professionnels travaillant avec eux.

La vidéo montre comment des jeunes issus de minorités ethniques combattent et remettent en question la xénophobie et le racisme, et comment ils sont soutenus par leurs communautés. Le film montre également leur perception de la culture de la majorité et leur interaction avec celle-ci.

La vidéo, constituée de trois films, tournés au Royaume-Uni, en France et en Suède, est tirée à 1 000 exemplaires et distribuée à travers des réseaux tels que des écoles, des groupes de jeunes et des organisations de communautés ethniques.

En complément de la vidéo, une brochure est également produite et distribuée aux professionnels leur indiquant comment la vidéo peut être utilisée.

COORDINATION

COORDINATION

University of Nottingham
RESP.: Mark Hadfield, Kaye Haw
University Park • School of Education • UK - NG72RD Nottingham • United Kingdom
☎ + 44 115 9514430 • FAX: + 44 115 9791506
E-mail: Mark.Hadfield@nottingham.ac.uk • Kaye.Haw@nottingham.ac.uk

THE PARTNERS

LES PARTENAIRES

Department of Teacher Training Uppsala University, Uppsala (Sverige)
Formation continue - Université de Nantes, Nantes (France)

SUBSIDY GRANTED

SUBVENTION ACCORDÉE

ECU 25 000

MÉTIERS EN EUROPE (1997)

IN A FEW WORDS...

Production of a video on professional mobility in Europe

TO KNOW MORE...

Entitled 'Professions in Europe', this project aims to produce a video informing young people aged 16 to 25 of the possibilities of vocational training offered to them in the common market.

The video is about 20 minutes long and explains the principles of the common market as well as the rights of European citizens.

Showing concrete examples of young people and adults who spent some time in other European countries for training or work, the video helps to make young people aware of the job and training opportunities that exist in Europe.

The partner organisations participate in the planning of the video, finding people willing to tell their story and the production and translation into the languages of the partners.

Presented by specially trained staff, the video reaches about 11 000 young people through the vocational training and orientation schemes run by the organisations involved. The video can also be used by the local and regional partners of the organisations involved, thus increasing the impact of the action.

EN BREF...

Production d'une vidéo sur la mobilité professionnelle en Europe

POUR EN SAVOIR PLUS...

«Métiers en Europe» consiste à informer, à travers une vidéo, les jeunes de 16 à 25 ans sur les possibilités de formation et d'orientation professionnelle que leur offre le marché commun.

D'une durée de vingt minutes environ, la vidéo rappelle les principes du marché commun et les droits des citoyens européens.

À travers des témoignages concrets de jeunes et d'adultes ayant fait leur formation ou travaillé dans d'autres pays européens, elle vise à éveiller l'intérêt des jeunes pour l'exercice des métiers (ou de leur futur métier) en Europe.

Les organismes partenaires participent à la conception de la vidéo, à l'identification des témoignages, au tournage et à la traduction dans les langues des partenaires.

Utilisée au sein des dispositifs d'orientation et de formation des organisations participantes et présentée par des animateurs formés à cet égard, la vidéo touche environ 11 000 jeunes par an. Elle est en outre proposée aux partenaires locaux et régionaux de chaque organisation impliquée, augmentant ainsi l'impact de l'action.

COORDINATION | COORDINATION

Chambre de commerce et d'industrie de Grenoble - Groupe Formation
RESP.: Jean-François Boyer
7, Rue Hoche • F - 38000 Grenoble • France
☎ + 33 4 76282674 • FAX: + 33 4 76282987

THE PARTNERS | LES PARTENAIRES

North Warwickshire and Hinckley College, Nuneaton (United Kingdom)
Settore Orientamento Profesionale - Regione Campana, Napoli (Italia)

SUBSIDY GRANTED | SUBVENTION ACCORDÉE

ECU 25 000

L'ÉLARGISSEMENT DE L'UNION EUROPÉENNE COMME SOURCE DE STABILITÉ ET DE PAIX (1996)

IN A FEW WORDS...

Production of a quiz game and video about the advantages of EU enlargement

EN BREF...

Production d'un *quiz* et d'une vidéo sur les avantages de l'élargissement de l'UE

TO KNOW MORE...

The aim of this project is to provide young people aged between 15 and 24 with information about Europe, particularly about the positive aspects enlargement will have on the European Union.

To achieve this, the initiators develop a multiple-choice quiz and video. The video not only provides the answers to the questions, but also offers additional information explaining the advantages of enlargement.

As the project seeks to promote the idea that cultural differences are part of Europe's assets, it also contributes to the battle against xenophobia.

Available in English, German and French, the quiz and video are distributed through the participating organisations and through a European network of which 'Les Pionniers' are a member.

The game will therefore reach youth workers in 11 countries and a total of about 30 000 youngsters. If necessary, the youth workers can translate the game into their national language.

POUR EN SAVOIR PLUS...

L'objectif de ce projet est d'apporter aux jeunes de 15 à 25 ans des informations sur l'Europe, notamment sur les avantages de l'élargissement de l'Union européenne.

Pour y parvenir, un jeu de questions à choix multiple et une cassette vidéo fournissant les réponses sont produits au cours du projet. La vidéo donne des informations supplémentaires sur les aspects positifs de l'élargissement.

Ayant pour but de promouvoir l'idée d'une Europe enrichie de ses différences culturelles, le projet se veut également un moyen de lutte contre la xénophobie.

Produits en anglais, en allemand et en français, le *quiz* et la cassette vidéo sont diffusés par les organismes partenaires ainsi qu'à travers un réseau européen dont «Les Pionniers» font partie.

Les initiateurs du projet comptent toucher ainsi les animateurs de groupes de jeunes dans onze pays. Ces multiplicateurs diffusent ensuite le jeu auprès d'un public d'environ 30 000 jeunes, assurant au besoin la traduction du jeu dans leur langue.

COORDINATION

COORDINATION

Les Pionniers - Mouvement de jeunesse
RESP.: Odette Lambert
Rue Quinaux, 3 • B - 1030 Bruxelles • Belgique
☎ + 32 2 2457761 • FAX: + 32 2 2450083

THE PARTNERS

LES PARTENAIRES

The Woodcraft Folk, London (United Kingdom)
Olof Palme Institut, Oer-Erkenschwick (Deutschland)

SUBSIDY GRANTED

SUBVENTION ACCORDÉE

ECU 13 400

IN A FEW WORDS...

Production of three videos on the EU's local impact and the publication of a newsletter

TO KNOW MORE...

'Europolis' seeks to develop the citizenship of young people on a local level as a catalyst for European integration.

Three teams of five young people aged 15 to 25 are formed, from Silly (Belgium), Troarn (France) and Valencia (Spain).

Each team produces a video concerning the impact of European integration at local level.

Each video presents the city and shows an interview with the mayor talking about European issues and their local impact.

They also contain a portrait of the local authority in charge of European issues, reports on local projects subsidised by the EU as well as a debate on European citizenship.

The videos are translated and exchanged amongst the teams.

Together, the teams produce six editions of a multilingual newsletter covering, for example, European issues of interest to young people, local or regional projects subsidised by the EU and European events on a local scale.

The 15 youngsters involved finally meet in Strasbourg.

EN BREF...

Production de trois vidéos sur l'impact local de l'UE et édition d'un bulletin

POUR EN SAVOIR PLUS...

«Europolis» veut développer la citoyenneté des jeunes au niveau local afin de promouvoir l'intégration européenne.

Trois équipes de cinq jeunes de 15 à 25 ans sont réunies, venant de trois villes: Silly (Belgique), Troarn (France) et Valencia (Espagne).

Chaque équipe produit une vidéo sur l'impact local de l'intégration européenne.

Les vidéos présentent la ville dans laquelle elles ont été produites et comportent un entretien avec le maire sur les politiques européennes et sur leur impact local.

Elles présentent également l'autorité locale chargée des questions européennes, les projets locaux subventionnés par l'UE ainsi qu'un débat sur la citoyenneté européenne.

Les vidéos sont ensuite traduites et échangées entre les équipes.

Ensemble, les équipes produisent également six éditions d'un bulletin multilingue sur les questions européennes intéressant les jeunes, les projets locaux ou régionaux subventionnés par l'UE et des événements européens à l'échelle locale.

Finalement, les quinze jeunes impliqués se réunissent à Strasbourg.

COORDINATION / COORDINATION

Centre Jeunesse Défense - C.J.D
RESP.: Pierre Seeger
Chaussée d'Haecht, 35 • B - 1030 Bruxelles • Belgique
☎ + 32 2 2185855 • FAX: + 32 2 2170233

THE PARTNERS / LES PARTENAIRES

Recherche et Formation Socio-Culturelles - REFORM, Bruxelles (Belgique)
Commission Vie Associative et Culturelle Troarn, Troarn Calvados (France)
Centro Juventud Jeuropa, Valencia (España)
Commune de Silly, Silly (Belgique)

SUBSIDY GRANTED / SUBVENTION ACCORDÉE

ECU 39 510

GOVERN BALEAR

Conselleria de Governació

IN A FEW WORDS...

Production of a video for young people living on the islands of the Mediterranean

TO KNOW MORE...

The aim of this project is to produce a film for young people living on islands in the Mediterranean.

The first step of the project is a survey carried out amongst young people in Mallorca (Spain), Corsica (France) and Sardinia (Italy) focusing on their problems, aspirations and knowledge of the European Union.

Based on the results of the survey and with the participation of the young people involved in it, an information film is then produced and 'tested' in the youth centres of the three regions, where the youngsters can express their opinion of the film in a questionnaire.

A conference in Palma in Mallorca is then organised where a modified copy of the films is shown, taking into account the opinions expressed in the questionnaires.

Bringing together experts in the field of youth and people responsible for youth organisations, the conference analyses the survey, evaluates the film and finally develops strategies for its distribution.

A definitive version of the film is then produced after the conference.

EN BREF...

Production d'un film vidéo à destination des jeunes vivant dans les îles méditerranéennes

POUR EN SAVOIR PLUS...

Le but de ce projet est de produire un film à destination des jeunes vivant sur les îles en Méditerranée.

Une enquête est d'abord menée parmi des jeunes à Mallorca (Espagne), en Corse (France) et en Sardaigne (Italie), axée sur leurs problèmes, leurs aspirations et leurs connaissances de l'Union européenne.

Sur la base des résultats de l'enquête et avec la participation des jeunes impliqués, des films sont ensuite produits et testés dans les centres de jeunesses des trois régions où les jeunes peuvent exprimer leur opinion à l'aide d'un questionnaire.

Enfin, lors d'une conférence à Palma de Mallorca, une copie modifiée des films est visionnée, tenant compte des opinions exprimées dans les questionnaires.

Réunissant des experts dans le domaine de la jeunesse et des responsables d'organisations de jeunesse, la conférence sert à analyser l'enquête, à évaluer les films et finalement à développer des stratégies pour leur diffusion.

La version définitive des films est produite après la conférence.

COORDINATION / COORDINATION

Dirección General de la Juventud del Gobierno Balear
RESP.: Jordi Garcia Roca
Plaza Cardenal Reig 5, 1° 1a • E - 07004 Palma de Mallorca • España
☎ + 34 71 208917 • FAX: + 34 71 207683 • E-mail: tarabini@bitel.es

THE PARTNERS / LES PARTENAIRES

CRITT (France)
IFOLD (Italia)
Radio Gestió (España)

SUBSIDY GRANTED / SUBVENTION ACCORDÉE

ECU 30 000

RÉSEAU INFORMATIQUE À RÉSONANCE EUROPÉENNE (1994)

IN A FEW WORDS...

Creation of an Internet site

EN BREF...

Création d'un site Internet

TO KNOW MORE...

The project aims to create an Internet site which will link and develop existing databases in order to provide an information structure corresponding to the needs of youngsters aged 15 to 25.

The menu for the site consists of three main themes, each containing several issues.

The first main theme 'Knowing more about...' contains information on the chronology of the construction of Europe, the Member States of the EU, its structures, institutions and international role.

The second main theme 'Where to get information' helps users to find the addresses of information centres and the services they offer. 'Travel in Europe' contains information not only about tourism but also about studying and working abroad.

Step by step the information offered by the site is to be translated into the languages of the partner countries.

POUR EN SAVOIR PLUS...

Le projet prévoit la création d'un site Internet permettant de mettre en réseau et de développer des banques de données déjà existantes, ceci dans la perspective de promouvoir une structure d'information pour les jeunes de 15 à 20 ans, en fonction de leurs besoins.

Le menu principal du serveur est composé de trois axes débouchant chacun sur cinq rubriques différentes.

Le premier axe, «Mieux connaître...», développe des informations sur les étapes de la construction européenne et sur les institutions et la position dans le monde de l'Union européenne.

Le deuxième axe, «Où s'informer», regroupe les coordonnées des centres d'information avec les services offerts par ces centres, et le troisième axe, «Voyager en Europe», donne des informations aptes à faciliter la mobilité, tant touristique que professionnelle et étudiante.

Au fur et à mesure, les informations du site sont traduites dans les langues des pays partenaires.

COORDINATION

COORDINATION

Accueil Jeunes
RESP.: Fernando Uribe
Rue de l'Abondance, 42 • B - 1210 Bruxelles • Belgique
☎ + 32 2 2170383 • FAX: + 32 2 2181846 • E-mail: accueil.jeunes@euronet.be
Webmaster.euroj@euronet.be • Internet: http://www.euronet.be/euroj/cee.

THE PARTNERS

LES PARTENAIRES

AMOK - Centre d'Information de Jeunes, Antwerpen (Belgique)
Office Régional de l'Education Permanente - OREP, Bayonne (France)
Gobierno Vasco, Vitoria (España)

SUBSIDY GRANTED

SUBVENTION ACCORDÉE

ECU 35 000

IN A FEW WORDS...

The improvement of an Internet site and the production of a CD-ROM on the European institutions

EN BREF...

Améliorer un site Internet existant et production d'un CD-ROM sur les institutions européennes

TO KNOW MORE...

Euro-J is an Internet site offering information about the 15 Member States of the European Union, its institutions and about Europe of the regions.

The first objective of the present project is to make the site accessible on a national level in all participating countries. As a first step, a Spanish version is therefore being set up.

The second objective is to increase the amount of information presented on the site. Among the new topics are the euro, the Intergovernmental Conference, social security, and harmonisation of qualifications.

In addition to improvements to the server, a CD-ROM is to be produced offering a guided tour through the institutions of the EU in French, German and Spanish.

The information provided by Euro-J is designed for youngsters surfing the web and for youth workers in European youth information offices.

POUR EN SAVOIR PLUS...

Euro-J est un site Internet qui contient des informations sur les quinze pays membres de l'Union européenne et les institutions de cette dernière ainsi que sur l'Europe des régions.

Le premier objectif du présent projet est l'élargissement géographique du réseau. Il est désormais accessible dans chaque pays partenaire au niveau national. Dans ce contexte, une version espagnole du site est créée.

Le deuxième objectif est l'élargissement du contenu: sont désormais intégrées la monnaie unique, la CIG ou encore l'harmonisation des diplômes.

Le projet comporte en outre la production d'un CD-ROM contenant une visite guidée virtuelle des institutions européennes en versions française, allemande et espagnole.

Euro-J virtuel s'adresse aux jeunes fréquentant Internet et aux agents d'information des centres d'information européens.

COORDINATION

COORDINATION

Accueil Jeunes
RESP.: Fernando Uribe
Rue de l'Abondance, 42 • B - 1210 Bruxelles • Belgique
☎ + 32 2 2170383 • FAX: + 32 2 2181846 • E-mail: accueil.jeunes@euronet.be
Webmaster.euroj@euronet.be • Internet: http://www.euronet.be/euroj/cee.

THE PARTNERS

LES PARTENAIRES

Gobierno Vasco - Servicio Vasco de Información europea para el Joven, Bilbao (España)
Office Régional de l'Education Permanente - OREP, Bayonne (France)
Les Franca, Paris (France)
Instituto Portugues da Juventude, Santarém (Portugal)
Centre Information Documentation Jeunesse - CIDJ, Bruxelles (Belgique)
Fédération des Institutions Socio-Culturelles - FISC, Bruxelles (Belgique)

SUBSIDY GRANTED

SUBVENTION ACCORDÉE

ECU 30 000

GRAND PLACE EUROPE (1995)

IN A FEW WORDS...

Information through Internet, a multimedia diskette and publications

EN BREF...

Informer à travers Internet, une disquette multimédia et des publications

TO KNOW MORE...

Grand Place Europe consists of three different parts: creating an Internet site, editing a floppy disk and brochure and organising public meetings.

These projects aim at informing young people of the rights of European citizens, problems and perspectives of the Intergovernmental Conference of 1996, relations between southern and northern Europe, cooperation between Member States, regions and local authorities through the principle of subsidiarity and also about EU policies in the areas of education, training and youth.

The multimedia disk contains a guide to the EU, it's history and institutions, and is available in English and Italian. The publications are translated into the languages of the participating countries.

An information and discussion network, including partners from six Member States, is set up to achieve these aims with each partner bringing at least 30 local organisations into the network to actively participate in the proceedings. Cooperation between the 180 partners is based on new technologies such as e-mail.

POUR EN SAVOIR PLUS...

Grand Place Europe se compose de trois volets: la création d'un site Internet, l'édition d'une disquette multimédia et d'une brochure ainsi que l'organisation de conférences.

Ces différentes actions visent à informer les jeunes sur les droits des citoyens européens, les problèmes et les perspectives de la Conférence intergouvernementale de 1996, les relations entre le nord et le sud de l'Europe, la coopération selon le principe de la subsidiarité ainsi que sur la politique de l'Union en matière d'éducation, de formation et de jeunesse.

La disquette multimédia contient un guide à travers l'Union, son histoire et ses institutions. Elle est disponible en anglais et en italien, tandis que les publications sont traduites dans les langues des pays participants.

Pour mener à bien ces activités, un réseau d'information et de discussion est mis en place entre les partenaires. Chacune de ces organisations travaille avec au moins 30 organisations partenaires locales qui vont ainsi participer activement au projet. Pour faciliter la coopération entre ces 180 organisations, de nouvelles technologies, comme le courrier électronique, sont utilisées.

COORDINATION

COORDINATION

Centro Italia Europea - EURIT
RESP.: Ugo Ferruta, Sabrina Aguirari
via Ettore Stampini, 12 • I - 00167 Roma • Italia
☎ + 39 6 39734691 • FAX: + 39 6 39734694
E-mail: eurit@eurit.it • Internet: http://www.eurplace.org • http://www.eurit.it

THE PARTNERS

LES PARTENAIRES

Oficina Europea de la Joventut - Generalitat de Cataluniya, Barcelona (España)
European Movement, London (United Kingdom)
Unga Europeer, Uppsala (Sverige)
Junge Europäische Föderalisten, Bonn (Deutschland)
New Hansa Foundation, Aarhus (Danmark)
New Hansa Foundation, Bruxelles (Belgique)

SUBSIDY GRANTED

SUBVENTION ACCORDÉE

ECU 40 000

ENLARGING THE NETWORK OF GRAND PLACE EUROPE (1997)

IN A FEW WORDS...

Improving and advertising the Internet site http://www.eurplace.org

EN BREF...

Améliorer et mieux faire connaître le site Internet http://www.eurplace.org

TO KNOW MORE...

Supported by the European Commission, the project 'Grand Place Europe' was started successful in 1995 (see page 107). The present initiative is designed to give a follow-up to the 1995 project.

One of the objectives is to increase the number of organisations participating in 'Grand Place Europe' to more than 250 and to reach an estimated number of 15 000 people.

Another objective is to improve the quantity and quality of information circulating through the 'Grand Place Europe' Internet site http://www.eurplace.org.

In order to achieve this, new technologies are used such as audio-video conferences or ready-for-distribution texts which the user can download directly onto his/her PC and print for further use. New issues of interest to young people are also included in the site's menu.

The project also includes activities to advertise the Internet site, such as press releases, the organisation of large European events for young people, the production of audio-cassettes containing interviews with European intellectuals, and the distribution of a computer game about the euro.

POUR EN SAVOIR PLUS...

Soutenu par la Commission européenne, le projet «Grand Place Europe» a été lancé avec beaucoup de succès en 1995 (voir page 107). Le présent projet en est la suite.

Un des objectifs est de porter le nombre des organisations participantes à plus de 250 et de toucher ainsi un public estimé à 15 000 personnes.

Le projet vise également à améliorer la quantité et la qualité de l'information présentée sur le site Internet http://www.eurplace.org de «Grand Place Europe».

Ainsi, de nouvelles technologies sont utilisées telles que l'organisation de conférences audio-vidéo sur Internet, ou la publication électronique de textes mis en pages et illustrés que l'utilisateur peut directement télécharger sur son PC, imprimer et distribuer. La gamme des thèmes traités sur le site existant est également élargie par davantage de sujets intéressant les jeunes.

Le projet comprend également des actions pour faire connaître davantage le site: des communiqués de presse, l'organisation d'événements européens pour les jeunes, la production de cassettes audio contenant des entretiens avec des intellectuels européens ou la distribution d'un jeu électronique sur l'euro.

COORDINATION

COORDINATION

Centro Italia Europea - EURIT
RESP.: Ugo Ferruta, Sabrina Aguiari
via Ettore Stampini, 12 • I - 00167 Roma • Italia
☎ + 39 6 39734691 • FAX: + 39 6 39734694
E-mail: eurit@eurit.it • Internet: http://www.eurplace.org. • http://www.eurit.it

THE PARTNERS

LES PARTENAIRES

Thirteen organisations in eleven EU Member States and two other countries
Treize organisations dans onze États membres de l'UE et dans deux autres pays.

SUBSIDY GRANTED

SUBVENTION ACCORDÉE

ECU 40 000

YOUTH - RELATED INFORMATION ON THE INTERNET (1995)

IN A FEW WORDS...

Creation of an Internet site

EN BREF...

Création d'un site Internet

TO KNOW MORE...

This project intends to use the Internet as an information tool. In fact, a large amount of youth-related information is already present on the Internet - what is missing are the structures to help find the relevant sites when they are required.

The first step of this project is therefore to locate all the websites which provide information about the European Union and youth-related topics.

The next phase is to create new WWW pages gathering together all the useful information for young people on the EU, in particular youth programmes, mobility issues, European youth structures, the activities of European youth organisations, youth work and research in the different Member States.

The existing web pages and the newly designed EU information pages are then linked together on a tailor-made web site.

The project also aims to encourage youth organisations to create and establish their own WWW pages.

POUR EN SAVOIR PLUS...

Exploiter Internet comme outil d'information pour les jeunes: tel est l'objectif de ce projet. En fait, un grand nombre d'informations adressées aux jeunes existent déjà sur Internet. Pourtant, il manque les structures permettant de retrouver, en cas de besoin, les sites intéressants.

Par conséquent, le premier pas de ce projet est de localiser tous les sites fournissant des informations sur l'Union européenne et le monde des jeunes.

L'étape suivante est de créer des pages Internet regroupant toute l'information utile pour les jeunes dans l'Union: notamment les programmes pour jeunes, la mobilité, les structures au service des jeunes, les activités des organisations de jeunesse, la recherche dans le domaine de la jeunesse.

Les sites existants et les pages nouvellement créées sont par la suite reliés au sein d'un seul site.

Les organisateurs du projet souhaitent également inciter les organisations de jeunesse à monter leurs propres pages Internet.

COORDINATION

COORDINATION

Finnish Youth Cooperation ALLIANSSI
RESP.: Jarkko Lehikoinen, Matti Viirimäki
Olympiastadion, Eteläkaarre • FIN - 00250 Helsinki • Finland
☎ + 358 9 3482422 • FAX: + 358 9 491290 • E-mail: euroinfo@alli.fi • Internet: http://www.alli.fi/euro

THE PARTNERS

LES PARTENAIRES

Stiftelsen för Internationellt Ungdomsutbyte - SIU, Stockholm (Sverige)
Scottish Community Education Council - SCEC, Edinburgh (United Kingdom)
Service national de jeunesse, Luxembourg (Luxembourg)

SUBSIDY GRANTED

SUBVENTION ACCORDÉE

ECU 26 500

IN A FEW WORDS...

Encouraging youth organisations to make use of electronic communication tools

EN BREF...

Encourager les organisations de jeunesse à exploiter les outils de communication électronique

TO KNOW MORE...

'Pro Youth International' is a follow-up project to the initiative 'Youth-related information on the Internet', co-financed by the European Commission in the framework of the 'Action aimed at young people' in 1995 (see page 109).

This follow-up project aims to continue the effort made in order to link all existing sites on the Internet that are of interest to young people and youth workers.

In the course of the present project, another objective of the pilot initiative is to be further developed; encouraging youth organisations across Europe to create their own web pages within the Allianssi server.

To achieve this, the initiators of the project use several European networks to get in touch with youth organisations at a local and regional level.

These organisations are invited to profit from the know-how of the initiators concerning the Internet. Allianssi and its partners offer their help to all interested organisations, not only with publishing on the Internet but also with setting up electronic communication networks.

POUR EN SAVOIR PLUS...

«Pro Youth International» est la suite du projet «Youth related information on the Internet», cofinancé par la Commission européenne dans le cadre de l'«Action d'Information Public Jeunes» de 1995 (voir page 109).

Le présent projet poursuit les efforts entrepris en vue de relier et de répertorier, sur un site Internet, les divers sites du réseau mondial qui peuvent intéresser les jeunes et les personnes travaillant au sein des organisations de jeunesse.

Un autre aspect du projet pilote est développé davantage au cours du présent projet. Il s'agit d'inciter les organisations de jeunesse partout en Europe à créer leurs propres pages Internet au sein du serveur d'Allianssi.

À cette fin, les initiateurs du projet utilisent divers réseaux européens pour contacter les organisations de jeunesse locales et régionales.

Celles-ci sont invitées à profiter du savoir-faire des initiateurs en matière d'Internet. À toutes les organisations intéressées, Allianssi et ses partenaires proposent leur aide, que ce soit pour publier sur Internet ou pour monter des réseaux de communication électronique.

COORDINATION

COORDINATION

Finnish Youth Cooperation ALLIANSSI
RESP.: Jarkko Lehikoinen, Matti Viirimäki
Olympiastadion - Eteläkaare • FIN - 00250 Helsinki • Finland
☎ + 358 9 3482422 • FAX: + 358 9 491290 • E-mail: euroinfo@alli.fi • Internet: http://www.alli.fi/euro

THE PARTNERS

LES PARTENAIRES

Stiftelsen för Internationellt Ungdomsutbyte - SIU, Stockholm (Sverige)
Scottish Community Education Council - SCEC, Edinburgh (United Kingdom)
Service national de jeunesse, Luxembourg (Luxembourg)

SUBSIDY GRANTED

SUBVENTION ACCORDÉE

ECU 30 000

PRO YOUTH INTERNATIONAL (1997)

IN A FEW WORDS...

Updating and extending the existing Internet site http://www.alli.fi/euro

EN BREF...

Perfectionnement et expansion du serveur Internet http://www.alli.fi/euro

TO KNOW MORE...

This project started two years ago with the pilot project 'Youth-related information on the Internet'. In 1996, the project was renamed 'Pro Youth International'.

Both the pilot project and the follow-up project were partly funded by the European Commission in the framework of the 'Action aimed at young people' (see pages 109 and 110).

The original aim was to help youth organisations to develop their Internet sites and to gather the existing information about Europe and youth work onto one server.

The present project updates the information on the server and creates new links as well as new services.

These new services include a database of youth organisations, youth services and voluntary work placements, an answering service for each country, a system for partner research and information files on activities against racism.

POUR EN SAVOIR PLUS...

Ce projet a démarré il y a deux ans avec un projet pilote intitulé «Youth-related information on the Internet», reconduit en 1996 sous le nom de «Pro Youth International».

Les deux projets ont été en partie financés par la Commission européenne dans le cadre de l'«Action d'Information Public Jeunes» (voir pages 109 et 110).

Les objectifs étaient d'aider les organisations de jeunesse à créer leurs sites Internet et de rassembler, sur un serveur, les informations existantes concernant l'Europe et la jeunesse.

Le présent projet veut actualiser le site Internet déjà existant, le relier avec d'autres sites et proposer des services supplémentaires.

Ces services comprennent, d'une part, des bases de données sur les organisations de jeunesse, sur le Service Volontaire Européen et sur des activités contre le racisme, d'autre part, un service de renseignements par pays et un système de recherche de partenaires de projets.

COORDINATION

COORDINATION

Finnish Youth Cooperation ALLIANSSI
RESP.: Jarkko Lehikoinen, Matti Viirimäki
Olympiastadion • Eteläkaarre • FIN - 00250 Helsinki • Finland
☎ + 358 9 3482422 • FAX: + 358 9 491290 • E-mail: euroinfo@alli.fi • Internet: http://www.alli.fi/euro

THE PARTNERS

LES PARTENAIRES

Scottish Community Education Council - SCEC, Edinburgh (United Kingdom)
Service national de jeunesse, Luxembourg (Luxembourg)
Instituto de la Juventud, Madrid (España)
Stiftelsen för Internationellt Ungdomsutbyte (SIU), Stockholm (Sverige)

SUBSIDY GRANTED

SUBVENTION ACCORDÉE

ECU 20 000

EURO YOUNG CITS ONLINE (1995)

IN A FEW WORDS...

Creation of an Internet site

TO KNOW MORE...

In the course of this initiative, information on European citizenship is gathered on an Internet site designed for young people. Set up in several languages, the web pages provide information for 14 to 20 year olds on their role in Europe today, European society and the role of the EU.

Young people from schools, colleges and youth groups are directly involved in the process of defining and designing the information modules. The combination of text, images and sound, guarantees a lively presentation.

One of the modules, for example, deals with democracy, explaining the functions of the European Parliament, the work of an MEP and parliamentary procedures. To enable more interaction, this section also involves a number of MEPs in e-mail dialogue and another MEP keeps an updated diary of his/her activities on the site.

Other sections concern employment and economics, presenting for example the issues mentioned in the Bangemann report.

EN BREF...

Création d'un site Internet

POUR EN SAVOIR PLUS...

Au cours de ce projet, des informations sur la citoyenneté européenne sont rassemblées sur un site Internet s'adressant aux jeunes âgés de 14 à 20 ans. Le site contient des informations, éditées en plusieurs langues, sur le rôle des jeunes dans l'Europe d'aujourd'hui, la société en Europe et le rôle de l'UE.

Des groupes de jeunes ainsi que des écoliers et des lycéens sont impliqués directement dans la production des modules d'information. La combinaison de textes, d'images et de sons assure une présentation intéressante et vivante.

Par exemple, l'un des modules concerne le thème de la démocratie, expliquant les fonctions du Parlement européen, le travail d'un député et les procédures parlementaires. Afin de rendre le site plus interactif, un certain nombre de députés sont impliqués activement via un système de dialogue par courrier électronique. L'agenda d'un député régulièrement actualisé est ainsi publié sur le site.

Les autres modules concernent l'emploi et l'économie, présentant par exemple les thèmes du rapport Bangemann.

COORDINATION / COORDINATION

Toucan Europe Ltd.
RESP.: Jean Hough
Tanzaro House • Ardwick Green North • UK - M12 6FZ Manchester • United Kingdom
☎ + 44 161 2735122 • FAX: + 44 161 2735122
E-mail: 100321.1620@compuserve.com • Internet: http://ourworld.compuserve.com /homepages/ToucanEurope

THE PARTNERS / LES PARTENAIRES

Association Nationale des Parents des enfants déficient auditif, Paris (France)
Fundación Universidad - Empresa de Madrid, Madrid (España)
Kirklees Metropolitan Borough Council Education Department, Huddersfield (United Kingdom)
SELOS, Croix (Belgique)
Schoolbegeleidengsdienst Kop van noord Holland, Den Helder (Nederland)

SUBSIDY GRANTED / SUBVENTION ACCORDÉE

ECU 40 000

IN A FEW WORDS...

Organisation of seminars for groups of marginalised young people and the installation of a multimedia arts service including an Internet site

EN BREF...

Organisation de séminaires pour jeunes de groupes marginalisés et mise en place d'un service artistique multimédia, comprenant un site Internet

TO KNOW MORE...

'Tapestry of cultures' seeks to promote integration, and especially European integration, to young people in Ireland.

A questionnaire is sent to over 150 organisations to find out how the APIC can support them through the arts. The answers are then summarised in a report.

Based on the report and after discussions with interested groups, two seminars are organised for young people.

The first deals, through artistic workshops, with issues such as unemployment and peace. The second seminar is aimed at giving young people the skills to promote their groups' work to the media.

Implementation also includes the launch of a multimedia arts service, including the publication of a magazine, the production of radio programmes, the production of audio-cassettes for the blind and an 'APIC on-line' Internet site.

POUR EN SAVOIR PLUS...

Ce projet veut promouvoir l'idée de l'intégration et particulièrement de l'intégration européenne auprès des jeunes en Irlande.

Un questionnaire est envoyé à plus de 150 organisations afin de définir comment l'APIC peut les soutenir au mieux. Les réponses au questionnaire font l'objet d'un rapport.

Sur la base du rapport et après des discussions avec les groupes intéressés, deux séminaires pour jeunes sont organisés.

Le premier séminaire, à travers des ateliers artistiques, aborde des thèmes comme le chômage ou la paix. Le deuxième séminaire veut donner aux jeunes les compétences pour promouvoir les travaux de leurs groupes auprès des médias.

Le lancement d'un «service artistique multimédia» fait également partie du projet, comprenant la publication d'une revue, la production d'émissions de radio et de cassettes audio pour aveugles ainsi que l'ouverture d'un site Internet.

COORDINATION | COORDINATION

The National Arts & Disability Centre - APIC
RESP.: Paul Gorry, Dave Thomas
27, Great Strand Street • IRL - D1 Dublin • Ireland
☎ + 353 1 8727930 • FAX: + 353 1 8727065
E-mail: apic@connect.ie • Internet: http://www.connect.ie/apic

THE PARTNERS | LES PARTENAIRES

C.E.P.S.A.V., Napoli (Italia)
The ECCO Trust, Dyfed (United Kingdom)
S.I.E.P, Liège (Belgique)

SUBSIDY GRANTED | SUBVENTION ACCORDÉE

ECU 17 690

INFORMING YOUNG TRADE UNIONISTS ABOUT THE IGC (1996)

IN A FEW WORDS...

Information activities for young trade unionists involving new communication technologies

EN BREF...

Des actions d'information pour jeunes syndicalistes impliquant de nouvelles technologies de communication

TO KNOW MORE...

This project is designed to raise young people's awareness of European integration. In particular, it aims to help them participate in the discussions on the Intergovernmental Conference of 1996.

The project consists of the creation of a database on youth unemployment in Europe, the organisation of an on-line conference and the opening of an Internet site.

The on-line conference allows young people from all over the EU and other countries to participate in a discussion with the secretary general of the European Trade Union Confederation (ETUC).

The Internet page set up in the course of the project is designed exclusively for young people, providing them, for instance, with information on youth employment in Europe. The website also offers a discussion room where visitors can express their views.

All these activities are publicised in the youth magazine *'Onion'* published by the ETUC. They are also presented on-line on the Internet.

POUR EN SAVOIR PLUS...

Ce projet veut rapprocher les jeunes travailleurs de la construction européenne, notamment en les faisant participer activement aux discussions autour de la Conférence intergouvernementale de 1996.

Ainsi, le projet comprend l'instauration d'une base de données sur le chômage des jeunes en Europe, l'organisation d'une conférence télématique et la création d'un site Internet.

La conférence télématique permet à des jeunes à travers l'Union européenne et dans d'autres pays de participer en direct à une discussion avec le secrétaire général de la Confédération européenne des syndicats (CES).

Le site Internet mis en place au cours du projet s'adresse exclusivement aux jeunes, leur proposant, par exemple, des informations sur l'emploi des jeunes en Europe. Un forum de discussion où les visiteurs du site peuvent s'exprimer fait également partie du site.

Ces actions sont annoncées dans le magazine pour jeunes *«Onion»*, édité par la CES et désormais également disponible en direct sur Internet.

COORDINATION

COORDINATION

European Trade Union Confederation - ETUC
RESP.: Erik Carlslund
Bd Emile Jacqmain, 155 • B - 1210 Bruxelles • Belgique
☎ + 32 2 2240411 • FAX: + 32 2 2240454/55
E-mail: Etuc@Etuc.org • Internet: http://www.etuc.org • http://www.etuc.be/youth

THE PARTNERS

LES PARTENAIRES

The member organisations of the ETUC in all EU member states
Les membres de l'ETUC dans tous les États membres de l'UE.

SUBSIDY GRANTED

SUBVENTION ACCORDÉE

ECU 30 000

IN A FEW WORDS...

Creation of an anti-racism Internet site and production of 25 000 postcards

EN BREF...

Création d'un site Internet antiraciste et production de 25 000 cartes postales antiracistes

TO KNOW MORE...

This project seeks to fight racism and make young people aware of the positive social and cultural effects of immigration in Europe. It aims to contribute to the establishment of a multi-racial community.

Young people connected to the Internet within as well as outside the EU are the target public of the project.

A lively, multilingual and interactive web-site is created presenting innovative projects funded by the European Commission within the framework of the European Year against Racism.

The information ranges from the popular to the academic, illustrated with articles, photos, music and films.

In order to make the site known, 25 000 postcards with the EU Year against Racism logo and anti-racism slogan 'All equal - all different' are produced, and 30 articles and advertisements published in the newsletters of the participating organisations.

Up to half a million people are expected to use the site, at least 10 000 of them interacting with it.

POUR EN SAVOIR PLUS...

Ce projet cherche à combattre le racisme et veut sensibiliser les jeunes aux effets positifs de l'immigration en Europe, sur les plans social et culturel. Il veut ainsi contribuer à la création d'une communauté multiethnique.

Le projet s'adresse aux jeunes reliés à Internet au sein de l'UE et dans d'autres pays.

Pour eux, un site Internet multilingue et interactif est créé présentant des projets novateurs financés par la Commission européenne dans le cadre de l'Année européenne contre le racisme.

Illustrée par de la musique, des articles, des photos et des films, l'information présentée va du populaire à l'académique.

Afin de faire connaître le site, 25 000 cartes postales sont produites portant le logo de l'Année européenne contre le racisme. S'y ajoutent trente articles et annonces publiés dans les bulletins des organisations participantes.

Environ 500 000 visiteurs sont attendus sur le site Internet, dont au moins 10 000 en communication interactive.

COORDINATION

COORDINATION

Solidar
RESP.: Giampiero Alhadeff, Anne Pierson
Rue le Titien 28 • B - 1000 Bruxelles • Belgique
☎ + 32 2 7430573 • FAX: + 32 2 7430589
E-mail: solidar@compuserve.com • Internet: http://www.oneworld.solidar.org

THE PARTNERS

LES PARTENAIRES

Ten organisations in six EU Member States
Dix organisations dans six États membres de l'UE.

SUBSIDY GRANTED

SUBVENTION ACCORDÉE

ECU 25 000

IN A FEW WORDS...

Production of a diskette and video

TO KNOW MORE...

The target group of this project are young Catalans, Portuguese and French living in small and medium sized cities.

It consists of the development of an attractively presented and easy to use diskette as well as a video cassette.

The diskette, published in Catalan, Portuguese, and French, informs young people about the history and functioning of the European institutions as well as the programmes of the Union which are aimed at them. The content of the diskette can be updated easily and the low production cost makes it possible to distribute a large number of copies.

The video cassette is more general, since it aims to familiarise young people with the topic of Europe.

The project is presented in schools, youth information services and youth centres.

The project is carried out by people working with and for young people within the municipalities involved.

In addition to the production of the diskette and the video, the municipalities collaborate closely in order to raise awareness of the project and to evaluate it.

EN BREF...

Production d'une disquette et d'une cassette vidéo

POUR EN SAVOIR PLUS...

Ce projet s'adresse aux jeunes Catalans, Portugais et Français vivant dans de petites et moyennes villes.

Il consiste en l'élaboration d'une disquette au *design* attirant et facile à manipuler et d'une cassette vidéo.

La disquette, éditée en catalan, en portugais, et en français, informe les jeunes sur l'histoire et le fonctionnement des institutions européennes ainsi que sur les programmes de l'Union en leur faveur. Son contenu peut être mis à jour facilement, et son coût peu élevé permet d'en distribuer un grand nombre.

La cassette vidéo est d'une portée plus générale puisqu'elle est conçue pour familiariser les jeunes avec le thème de l'Europe.

Les présentations du projet ont lieu dans des écoles, des services d'information pour les jeunes et des centres de jeunesse.

Les personnes chargées de réaliser le projet travaillent avec et pour les jeunes au sein des municipalités impliquées.

Au delà de la production des deux supports, les municipalités collaborent étroitement pour faire connaître le projet et en faire l'évaluation.

COORDINATION | COORDINATION

Diputació de Barcelona - Oficina del Pla Jove
RESP.: Daniel Fernández González, Joaquim Coll
c/Compte d'Urgell 187 • E - 08036 Barcelona • España
☎ + 34 3 4022556 • FAX: + 34 3 4022555 • E-mail: Collaj@Diba.es

THE PARTNERS | LES PARTENAIRES

Associação para o desenvolvimento intergado do Vale do Ave - SOL-DO-AVE, Guimaraes (Portugal)
Conseil Général de l'Hérault, Montpellier (France)
Regione Piemonte (Italia)

SUBSIDY GRANTED | SUBVENTION ACCORDÉE

ECU 20 000

IN A FEW WORDS...

Production of an information diskette including a quiz on Europe

EN BREF...

Production de disquettes contenant des informations et un *quiz* sur l'Europe

TO KNOW MORE...

Based on the experience of Sex-Flop (an AIDS information quiz on CD-ROM) the initiators of this project want to create a similarly structured computer game incorporating European Union information.

Youth-related information about the Member States (law, travel, festivals, music, culture etc.) is combined with more general information on the European Union, its institutions, the evolution of the Maastricht Treaty and the EU programmes aimed specifically at young people (Leonardo, Socrates).

Also included is practical tourist information about each country of specific use to young visitors. The key element of the computer game is the 'Euro Quiz', made up of many questions on Europe in general.

The entire game can be translated into several languages.

POUR EN SAVOIR PLUS...

Sur la base des expériences faites avec «Sex-Flop» (un concours ludique d'information sur le SIDA sur disquette), les initiateurs de ce projet veulent créer un jeu similaire sur ordinateur portant sur l'Union européenne.

De façon à intéresser les jeunes, des informations sur les États membres (la loi, le voyage, les festivals, la musique, la culture etc.) sont combinées avec des informations générales sur l'Union européenne, ses institutions, l'évolution du traité de Maastricht et les programmes de l'Union visant spécifiquement les jeunes (Leonardo, Socrates, etc.).

En outre, des informations touristiques pratiques sont données sur chaque pays, incitant les jeunes à voyager. L'élément clé du jeu est l'«Euro-*Quiz*», composé de nombreuses questions sur l'Europe en général.

Le jeu pourra finalement être traduit en plusieurs langues.

COORDINATION

COORDINATION

Jongerenbeweging van de Socialistische Mutualiteiten - MJA
RESP.: Siska Germonpré, Ann Deceulaer
St. Jansstraat 32 • B - 1000 Bruxelles • Belgique
☎ + 32 2 5150252 • FAX: + 32 2 5150207
E-mail: info@MJA.be • Internet: http://www.mja.be

THE PARTNERS

LES PARTENAIRES

Pirniehall Community Education Service, Edinburgh (United Kingdom)
Stichting Jeugdinformatie Nederland, Utrecht (Nederland)

SUBSIDY GRANTED

SUBVENTION ACCORDÉE

ECU 40 000

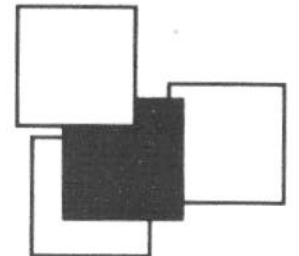

EUROPÄISCHE INTEGRATION IN DER SIMULATION - EIS (1995)

IN A FEW WORDS...

Production of a computer assisted simulation game

EN BREF...

Production d'un jeu de simulation sur ordinateur

TO KNOW MORE...

The 'European integration in simulation' game developed in the course of this project offers lively ways of informing young people aged 16 to 25 about the decision making procedures of the European Union.

The computer assisted simulation game is based on the European Commission's White Paper on growth, competitiveness and employment.

The participants of the game either represent the European Commission or one of the Member States. They have to determine their position on a particular problem and find a compromise that can be voted on by qualified majority.

Compromise may be difficult to find on issues such as the fight against unemployment, common social or environmental standards and fiscal harmonisation.

The handbook and diskette are available in German and English.

POUR EN SAVOIR PLUS...

«L'intégration européenne en simulation» est le titre du jeu conçu par ce projet. C'est un outil d'information vivant destiné à faire comprendre aux jeunes de 16 à 25 ans comment l'Union européenne prend ses décisions.

La simulation, qui se fait sur ordinateur, s'appuie sur des données issues du livre blanc de la Commission européenne sur la croissance, la compétitivité et l'emploi.

Les participants au jeu, représentant soit la Commission européenne, soit les États membres, élaborent, dans un premier temps et en fonction de leur rôle, leur position par rapport à un problème donné. Puis, ils essayent de trouver un compromis qui peut être voté à la majorité qualifiée.

Et des compromis, il en faut quand il s'agit de problèmes aussi conflictuels que la lutte contre le chômage, l'introduction de normes sociales ou environnementales communes, l'harmonisation fiscale, etc.

Le manuel du jeu et la disquette sont disponibles en Allemand et en Anglais.

COORDINATION

COORDINATION

Ruhrforschungszentrum Düsseldorf - RFZ -Trägerverein des Ruhrforschungszentrums e.V.
RESP.: Gerda M. Heinrich
Uerdinger Straße 58-62 • D - 40474 Düsseldorf • Deutschland
☎ + 49 211 4573240 • FAX: + 49 211 4573144
E-mail: RFZ Dd@aol.com • Internet: In construction / En construction.

THE PARTNERS

LES PARTENAIRES

Skolekontakt, København (Danmark)
Kottenpark College, Enschede (Nederland)
Arbeitsgemeinschaft Wirtschaft und Schule, Wien (Österreich)

SUBSIDY GRANTED

SUBVENTION ACCORDÉE

ECU 38 000

EUREKA (1994)

IN A FEW WORDS...

Organisation of a drawing competition, production of a computer game and a monthly newsletter

EN BREF...

Organisation d'un concours de dessin et production d'un jeu informatisé et d'un journal mensuel

TO KNOW MORE...

The project Eureka consists of three phases: the organisation of a competition 'Draw Europe', the production of a diskette 'Visit Europe' and the publication of a periodical also entitled 'Draw Europe'.

The details of the competition are published in the principal press for young people. It is open to youngsters between the age of 15-25. The ten most innovative propositions are selected by the judges and win a free trip to one of the EU Member States.

'Visit Europe' is a computer game where players try to enter a medieval castle by answering a series of questions on the European Union. Available in English, French and Italian and accompanied by an instruction booklet, it is distributed free of charge to youth organisations, young people and youth media.

The monthly newsletter 'Draw Europe' is also published in three languages, informing people about European Union initiatives and programmes for young people.

POUR EN SAVOIR PLUS...

Le projet Eureka se divise en trois phases: l'organisation d'un concours «Dessine l'Europe», la production d'un logiciel «Visite l'Europe» et la publication d'un périodique intitulé également *«Dessine l'Europe»*.

Le concours est annoncé dans les médias pour jeunes en Europe. Il est ouvert aux jeunes de 15 à 25 ans. Les dix contributions les plus novatrices sont sélectionnées par un jury et récompensées par un voyage gratuit dans l'un des États membres de l'Union.

«Visite l'Europe» est un jeu sur disquette qui consiste à entrer dans un château en répondant à une série de questions sur l'Europe. Produit en anglais, en français et en italien, il est accompagné d'un manuel explicatif et distribué gratuitement aux organisations de jeunesse, aux jeunes qui en font la demande ainsi qu'à la presse destinée aux jeunes.

Le journal mensuel *«Dessine l'Europe»* est également publié en trois langues et informe sur les programmes et les initiatives communautaires en faveur des jeunes.

COORDINATION | COORDINATION

Associazione Piccole e Medie Imprese Costruzioni - A.PI.M.I.C.
RESP.: Valentina Garozzo
Via G. Verdi, 116 • I - 95129 Catania • Italia
☎ + 39 95 537510 • FAX: + 39 95 537510

THE PARTNERS | LES PARTENAIRES

Diputación General de Aragon, Agustin (España)
Atlantis, Oslo (Norway/Norvège)

SUBSIDY GRANTED | SUBVENTION ACCORDÉE

ECU 30 000

IN A FEW WORDS...

Production of books and diskettes in German and English

EN BREF...

Production de livres et de disquettes en allemand et en anglais

TO KNOW MORE...

The objective of this project is to produce booklets and diskettes containing national surveys about the situation of young people in the Netherlands, Luxembourg, the United Kingdom and Austria.

Produced in English and German, these tools describe, for each of the four countries, the national youth policies, existing youth organisations and youth counselling initiatives. They also analyse the national implementation of European youth programmes and international youth cooperation.

The target group of the publications are youth organisations as well as ministries and other institutions providing services for young people.

The surveys also represent a useful tool for elaborating the perspectives of the European Union's youth policy. For this reason, the project concentrates on the four member states that hold the presidency of the EU from 1996 to 1998.

The project is also designed to form the basis of a European database concerning youth-related issues.

POUR EN SAVOIR PLUS...

L'objectif de ce projet est de produire, sous forme de livres et de disquettes, des inventaires nationaux sur la situation des jeunes aux Pays-Bas, au Luxembourg, au Royaume-Uni et en Autriche.

Publiés en anglais et en allemand, ces inventaires décrivent les politiques de jeunesse de ces pays, les organisations de jeunesse et les initiatives prises pour orienter les jeunes. Ils analysent également comment y sont mis en œuvre les programmes européens en faveur des jeunes et la coopération internationale dans le domaine de la jeunesse.

Les publications s'adressent aux ministères, aux organisations de jeunesse et à toutes les autres institutions au service des jeunes.

Les inventaires représentent également un outil utile pour définir les perspectives de la politique communautaire en faveur des jeunes. C'est pour cela que le projet se concentre sur les quatre États membres assurant successivement, entre 1996 et 1998, la présidence de l'Union européenne.

En plus, le projet peut fournir les premiers éléments d'une base européenne de données concernant les jeunes.

COORDINATION

COORDINATION

Internationaler Jugendaustausch- und Besucherdienst der Bundesrepublik Deutschland e.V. - IJAB
RESP.: Stefan Becsky
Hochkreuzallee 20 • D - 53175 Bonn • Deutschland
☎ + 49 228 9506215 • FAX: + 49 228 9506199 • Internet: http://www.ijab.de

THE PARTNERS

LES PARTENAIRES

NIZW International Centre, Utrecht (Nederland)
Service national de jeunesse, Luxembourg (Luxembourg)
National Youth Agency, Leicester (United Kingdom)
Bundesministerim für Umwelt, Jugend und Familie, Wien (Österreich)

SUBSIDY GRANTED

SUBVENTION ACCORDÉE

ECU 29 000

CD-ROM PROMOTING YOUTH MOBILITY (1995)

IN A FEW WORDS...

Production of a CD-ROM and creation of an Internet site encouraging young people's mobility

EN BREF...

Production d'un CD-ROM et création d'un site Internet pour promouvoir la mobilité des jeunes

TO KNOW MORE...

To enable young people to live, study or work in other European countries, youngsters must be provided with practical and easily accessible information.

The initiators of this project collect information on these issues and create a 'Mobility CD-ROM' as well as an Internet site for young people.

On the CD-ROM, young people find, for example, the addresses of youth information centres and youth hostels in numerous European countries and the addresses of companies and institutions giving reductions to the owners of the 'Euro<26' card.

Two thousand copies of the CD-ROM are produced and offered to youth information centres, youth card offices, youth hostels as well as to young people directly.

Its existence is made known through the '*Euro<26*' magazine which has more than a million young readers.

POUR EN SAVOIR PLUS...

Pour permettre aux jeunes de profiter pleinement des possibilités de vivre, de travailler, d'étudier ou de voyager dans d'autres pays européens, il leur faut des informations pratiques facilement accessibles.

Les initiateurs de ce projet collectent ces informations pratiques facilitant la mobilité des jeunes, les réunissent sur un CD-ROM ainsi que sur un site Internet.

Sur le CD-ROM, les jeunes trouvent par exemple les adresses des auberges de jeunesse et des centres d'information dans de nombreux pays d'Europe ainsi que celles des entreprises et des institutions accordant des réductions aux titulaires de la carte «Euro<26».

Au total, 2 000 exemplaires du CD-ROM sont produits et distribués aux centres d'information de la jeunesse, aux points de distribution des cartes «Euro<26» ainsi qu'aux jeunes directement.

Le magazine «*Euro<26*» fait également connaître le CD-ROM auprès de plus d'un million de lecteurs.

COORDINATION | COORDINATION

European Youth Card Association - EYCA
RESP.: Birgit Vijverberg
Weteringschans 53 • NL - 1017 RW Amsterdam • Nederland
☎ + 31 20 4282840 • FAX: + 31 20 4275400 • E-mail: eyca@euronet.nl • Internet: www.euro26.org

THE PARTNERS | LES PARTENAIRES

European Community Youth Hostel Federation, Bruxelles (Belgique)
European Youth Information and Counselling Agency - ERYICA, Paris (France)
The national and regional members of the EYCA / Les membres nationaux et régionaux de l'EYCA.

SUBSIDY GRANTED | SUBVENTION ACCORDÉE

ECU 13 902

TOMORROW'S PEOPLE NEWS A EUROPEAN MULTIMEDIA CD MAGAZINE TO MAKE EUROPE SIMPLE FOR YOUNG PEOPLE (1996)

IN A FEW WORDS...

Information through a multimedia CD-ROM and the Internet

EN BREF...

Informer à travers un CD-ROM multimédia et Internet

TO KNOW MORE...

Tomorrow's people news is a European multimedia CD-ROM magazine for young people which is also available via the Internet.

In the course of the project, several steps lead to the publication of the magazine.

First, leaders of youth media attend an international forum, held in Sicily, in order to discuss the use of information technology in the youth media.

Electronic newsletters are then sent to young media professionals and journalists and an open discussion forum on the Internet is established between them. Once the journalists' network is operational, an experimental on-line edition of *Tomorrow's people news* is produced via Internet cooperation and is also published on the Net.

Based on the experiences of this first edition, the CD-ROM multimedia edition is produced and distributed as a free magazine in several EU countries.

POUR EN SAVOIR PLUS...

Tomorrow's people news est un magazine multimédia européen sur CD-ROM qui s'adresse à un public jeune et qui est également accessible sur Internet.

Le présent projet se déroule en plusieurs étapes menant à la publication du magazine.

Dans un premier temps, une réunion entre responsables des médias pour jeunes est organisée en Sicile afin de discuter de l'utilisation des nouvelles technologies dans les médias pour jeunes.

Les professionnels des médias pour jeunes sont ensuite informés par courrier électronique et continuent leur dialogue au sein d'un forum ouvert sur Internet. Lorsque ce réseau est opérationnel, leur coopération débouche sur une édition expérimentale de *Tomorrow's people news*, accessible, elle aussi, en direct sur le Net.

Par la suite, sur la base des expériences faites, le CD-ROM multimédia est produit et distribué gratuitement dans plusieurs pays de l'Union.

COORDINATION

COORDINATION

European Network for Information, Culture, Education and International Cooperation - EU.N.I.C.E.I.C. - Il Pungolo
RESP.: Pietro Vento
Via Col. Romej, 7 • I - 91100 Trapani • Italia
☎ + 39 923 546700 • FAX: + 39 923 872055 • E-mail: tpnews@tin.it
Internet: http.web.tin.it/eis.news/tomorrowpeople.html
http.web.tin.it/eis.news/tpnews.youthforum.html

THE PARTNERS

LES PARTENAIRES

The members of the network, present in more than 20 European cities
Les membres du réseau, présents dans plus de vingt villes européennes.

SUBSIDY GRANTED

SUBVENTION ACCORDÉE

ECU 25 000

INECAM

IN A FEW WORDS...

Production of a CD-ROM informing young people about Europe

EN BREF...

Production d'un CD-ROM informant les jeunes sur l'Europe

TO KNOW MORE...

The production of an interactive CD-ROM informing young people about several aspects of Europe is the objective of this project.

With the help of the CD-ROM, youngsters go on a virtual tour through the Member States of the European Union and discover the rich cultural heritage of Europe. The history of European integration from the Treaty of Rome to the Intergovernmental Conference of 1996 is also presented, as are the institutions of the European Union.

Produced together with a brochure, the CD-ROM presents the information in an attractive and easily understandable way.

5 000 copies of the information disc are distributed through the INECAM and its partner organisations to youth centres.

Once the disc is distributed, a survey is carried out amongst the target group in order to get feedback from youngsters, thus allowing for improvements to be made on future editions of the disc.

POUR EN SAVOIR PLUS...

Ce projet se propose de produire un CD-ROM interactif informant un public jeune sur plusieurs aspects de l'Europe.

À l'aide du CD-ROM, les jeunes peuvent faire un tour virtuel à travers les pays de l'Union européenne pour découvrir la richesse du patrimoine culturel européen. Ils découvrent également l'histoire de la construction européenne, du traité de Rome jusqu'à la Conférence intergouvernementale de 1996, et les institutions communautaires.

Le CD-ROM et la brochure explicative jointe présentent ces informations de façon attirante et facilement compréhensible.

5 000 copies du disque informatif sont distribuées à travers l'INECAM et ses organisations partenaires à des centres de jeunes.

Après le lancement du disque, une enquête est effectuée auprès du public cible permettant de connaître les réactions des jeunes et d'améliorer des éditions futures du disque.

COORDINATION

COORDINATION

Instituto Euroamericano de Cultura, Ciencia y Comunicación Antonio Machado - INECAM,
Universidad de Alcalá
RESP.: Juan Carlos, Montoya Chato
Ciudad Residencial Universitaria • Bloque A-12 Chalet 11/12 • E - 28805 Alcalá de Henares • España
☎ + 34 1 8787652 • FAX: + 34 1 8788831
E-mail: Inecam@mx2.redestb.es • Internet: http://www.alcala.es

THE PARTNERS

LES PARTENAIRES

Consulenza e Formazione Europea - Co-Eur, Roma (Italia)
Educational Organization Logica, Athínai (Ellas)

SUBSIDY GRANTED

SUBVENTION ACCORDÉE

ECU 20 000

DEVELOPING OPPORTUNITIES FOR MEDIA INFORMATION NETWORKS ON-LINE - DOMINO (1994)

IN A FEW WORDS...

Set of information services for young people and youth workers

TO KNOW MORE...

The project partners launch a set of different information services in order to meet the requirements of young people and persons managing activities on their behalf. The aim is to link the creative potential of young people to the communications power and distribution ability of new technology.

For example, in the framework of 'Euthline', youngsters produce a constantly updated computer newspaper covering European activities of particular interest to young people.

Another example is 'Euronews', a newsline dedicated to providing newsworthy items of relevance to youth agencies and leaders.

A set of support databases covering activities of the EU and a file library are also built up, including an EU political database, allowing advanced searches.

The information services concentrate around the Internet, but exploitation for groups who do not have the necessary equipment is ensured by the creation of a stand alone 'Domino' pack.

EN BREF...

Une gamme de services d'information destinée aux jeunes et aux personnes travaillant pour eux

POUR EN SAVOIR PLUS...

Les organisateurs lancent différents services d'information afin de répondre aux exigences des jeunes et des personnes travaillant pour un public jeune. Le but est de lier le potentiel créatif des jeunes à la capacité de communication des nouvelles technologies.

Ainsi, dans le cadre du service «Euthline», des jeunes produisent un journal informatisé couvrant des événements européens intéressant particulièrement un public jeune.

Un autre exemple est «Euronews», un service destiné à fournir des articles aux médias pour jeunes et aux responsables des organisations de jeunesse.

La mise en service de bases de données couvrant les activités de l'UE, y compris une base de données politiques permettant d'approfondir des recherches, fait partie du projet, de même que l'installation d'une bibliothèque électronique.

Tous ces services sont fondés sur Internet, mais l'accès pour les groupes qui n'ont pas l'équipement nécessaire est assuré par la création de disquettes «Domino».

COORDINATION | COORDINATION

European Youth Science Network - EURYSN
RESP.: Martin Maguire
Mark St. 20 • IRL - D2 Dublin • Ireland
☎ + 353 1 6711687 • FAX: + 353 1 6790089
E-mail: domino@connect.ie • Internet: http://www.connect.ie/domino

THE PARTNERS | LES PARTENAIRES

Jeunesses Scientifiques, Fleurus (Belgique)
Stiftung Jugend forscht e.V., Hamburg (Deutschland)
Patch, Dublin (Ireland)
Youth Science, Dublin (Ireland)

SUBSIDY GRANTED | SUBVENTION ACCORDÉE

ECU 25 000

EUROPE REGION
REGION EUROPE

EURO Y INFORMATION (1996)

IN A FEW WORDS...

Information through information centres, Internet pages, newsletters and workshops

EN BREF...

Informer à travers des centres d'information, des pages Internet, une publication et des ateliers

TO KNOW MORE...

Euro y Information gathers and disseminates information on the EU via Internet, newsletters and meetings. The target groups are Scouts in the EU and other European countries and those in a position to influence others in the Scout movement.

The initiators of the project have chosen five scout centres in which Euro y Information centres are created. Within each of these centres young representatives are appointed, forming a pilot group.

The pilot group collects youth-relevant information and prepares tools for transmitting the information to the target group via the Euro y Information centres.

The pilot group is therefore responsible for writing a quarterly newsletter sent to associations in Europe. They are also in charge of updating the Euro y Information Internet page six times a year and organising five sub-regional workshops for 15 scouts each.

The initiators of the project estimate that about 500 000 youngsters are reached through the Internet and via the partner organisations.

POUR EN SAVOIR PLUS...

Le but du projet est de recueillir et de transmettre des informations sur l'UE, par le biais d'Internet, de publications et d'ateliers, aux jeunes scouts de l'Union et des autres pays d'Europe ainsi qu'aux multiplicateurs des organisations de scouts.

Les initiateurs ont choisi cinq centres de scouts auprès desquels des centres Euro Y Information sont instaurés. Chacun des centres Euro Y Information désigne de jeunes représentants, dont l'ensemble constitue un groupe pilote.

Ce groupe pilote rassemble les informations susceptibles d'intéresser un public jeune et définit comment ces informations sont transmises au groupe cible à travers les centres Euro y Information.

Les membres du groupe pilote sont alors chargés de réaliser une publication trimestrielle transmise aux associations partenaires. Il leur incombe aussi d'actualiser, six fois par an, la page Internet d'Euro Y Information et d'organiser cinq ateliers pour chaque fois quinze scouts.

À travers les associations partenaires, les organisateurs comptent toucher environ 500 000 jeunes.

COORDINATION

COORDINATION

Europe Region of World Association of Girl Guide and Girl Scout - WAGGGS
RESP.: Marianne Karstensen, Geneviève Blondel
Av. Molière, 299 • B - 1050 Bruxelles • Belgique
☎ + 32 2 3461686 • FAX: + 32 2 3463917
E-mail: euroinfo@wagggseurope.org • Internet:http://www.wagggseurope.org/euroyinfo

THE PARTNERS

LES PARTENAIRES

The Danish Guide and Scout Association, Aabenraa (Danmark)
Guides Catholiques de Belgique, Bruxelles (Belgique)
Pfadfinder und Pfadfinderinnen Österreich, Wien (Österreich)
Soma Hellinidon Odigon, Athínai (Ellas)
Les Guides de France, Thoard (France)
The Scout Association, London (United Kingdom)

SUBSIDY GRANTED

SUBVENTION ACCORDÉE

ECU 30 000

IN A FEW WORDS...

Creation of a data base against youth unemployment

EN BREF...

Création d'une base de données pour lutter contre le chômage des jeunes

TO KNOW MORE...

The objective of this project is to fight youth unemployment by informing young people in the participating regions of EU programmes designed to facilitate their entrance to the world of work, of initiatives in job creation taken by public authorities and of job opportunities in the sectors of environmental protection, preservation of artistic and cultural heritage and services to people.

In the course of the project, information is gathered in each region about companies, associations, cooperatives and other organisations active in one of the sectors mentioned above. Particular attention is given to non-profit organisations as well as to those offering traineeships to young people. A database is then created making the information available in English, Italian, Finnish and Spanish.

The project is advertised through the distribution of leaflets, the network of the Euro Info Centres as well as through a presentation seminar in Venice. The possibilities of including other regions in the database is also discussed at the seminar.

POUR EN SAVOIR PLUS...

L'objectif de ce projet est de lutter contre le chômage des jeunes en informant les jeunes des régions impliquées sur: les programmes de l'UE facilitant leur insertion dans le monde professionnel, les initiatives de création d'emplois entreprises par les autorités publiques et les débouchés dans les secteurs de la protection de l'environnement, de la sauvegarde du patrimoine et des services.

Au cours du projet, des informations sont collectées dans chaque région sur les entreprises, les associations, les coopératives et autres organismes actifs dans l'un des secteurs concernés. Les organisations sans but lucratif ainsi que celles proposant des stages bénéficient d'une attention particulière. Les informations sont ensuite réunies dans une banque de données en anglais, en italien, en finnois et en espagnol.

Les initiateurs font connaître le projet à travers les EuroInfoCentres, en distribuant des dépliants dans les régions et en organisant un séminaire de présentation à Venise. Lors de ce séminaire, la participation d'autres régions dans le projet est également envisagée.

COORDINATION

COORDINATION

Comune di Venezia - Settore Servizi di Comunicazione al Cittadino
Servizio alla Gioventù - Centro Informagiovani
RESP.: Adriano Da Re
Rue S. Marco 1529 • I - 30125 Venezia • Italia
☎ + 39 41 2747641 • FAX: + 39 41 2747642 • E-mail: I.GIOVANI@COMUNE.VENEZIA.IT

THE PARTNERS

LES PARTENAIRES

Provincial Youth Board, Vaasa (Finland)
Servicio de Juventud, Vitoria-Gasteiz (España)
Euro Info Centre Veneto, Mestre-Venezia (Italia)

SUBSIDY GRANTED

SUBVENTION ACCORDÉE

ECU 30 000

IN A FEW WORDS...

Production of multimedia information material by young people for young people

EN BREF...

Production de matériel d'information multimédia par des jeunes pour des jeunes

TO KNOW MORE...

The aims of this project are to raise the level of information on EU topics and to fight youth unemployment. In order to achieve this, Euroframe intends to create a computer-linked network of agencies specialising in the production of multimedia information material.

First, a prototype agency is established in order to develop an efficient structure, including client-research and the carrying out of the first orders. During the second phase, agencies are established in the participating countries and linked to the pilot agency, thus forming the beginning of the network.

Within the agencies, young people create an information service for the media, an Internet site and the first edition of a multimedia magazine on CD-ROM, specialising in European issues and aimed at young people.

By training the young people in the use of new technologies, the project helps them improve their qualifications and therefore contributes to the fight against youth unemployment.

POUR EN SAVOIR PLUS...

Améliorer l'information des jeunes sur l'Europe et lutter contre le chômage des jeunes sont les deux objectifs de ce projet. Pour les atteindre, «Euroframe» se propose d'instaurer un réseau d'agences reliées par télématique et spécialisées dans la production de matériel d'information multimédia.

Dans un premier temps, un prototype d'agence est mis en place pour développer un modèle de fonctionnement viable, comprenant la recherche de clients potentiels et le traitement des premières commandes. Dans un deuxième temps, des agences sont créées dans les autres pays participants et reliées à l'agence pilote, formant ainsi le début du réseau.

Au sein de ces agences, des jeunes mettent au point un service d'information s'adressant aux médias, un espace Internet spécialisé dans l'information européenne et le premier numéro d'un magazine multimédia périodique sur CD-ROM consacré aux thèmes européens et conçu pour un public jeune.

Initiant les jeunes à l'usage des nouvelles technologies, le projet les aidera à accroître leurs compétences, luttant ainsi contre le chômage des jeunes.

COORDINATION

COORDINATION

Dati & Strategie
RESP.: Gian Andrea Barelli
Via Cairoli, 11 4/0 • I - 16124 Genova • Italia
☎ + 39 10 2477591 • FAX: + 39 10 2512326
E-mail: barelli@euroframe.it • Internet: http://www.euroframe.it

THE PARTNERS

LES PARTENAIRES

École de Journalisme de l'Université d'Aix-Marseille, Marseille (France)
Recursos d'Animació Intercultural - RAI, Barcelona (España)
Eurocultura Center E. Benizelou, Thessaloniki (Ellas)

SUBSIDY GRANTED

SUBVENTION ACCORDÉE

ECU 30 000

III

Constructing networks

Construire des réseaux

EUROPEAN YOUTH VOLUNTARY SERVICE INFORMATION SYSTEM (1994)

IN A FEW WORDS...

Creation of an electronic communication system

EN BREF..

Création d'un système électronique de communication

TO KNOW MORE...

The objective of the project is to create a system of electronic communication in addition to the existing channels of communication between partner organisations.

It is hoped that the quality of cooperation between the partners can be increased. The electronic communication system is also a first step towards the creation of a database with information on EU youth programmes, exchanges and voluntary service activities.

The project is divided into several steps, the first being the identification of the technical needs of the participating organisations. This will be achieved with the help of a questionnaire. Other steps on the way towards the realisation of the system are the choice of the network and the training of the staff.

Once the system is established, e-mail will be used to distribute minutes of meetings and other work documents. An electronic conference on EU youth policies would be the next step.

POUR EN SAVOIR PLUS...

Le but de ce projet est de créer un système de communication électronique s'ajoutant aux voies de communication traditionnelles qui relient les partenaires.

Les organisations participantes souhaitent ainsi améliorer la qualité de leur coopération. Ce système de communication électronique doit également constituer la base d'une banque de données contenant des informations sur les programmes de service volontaire existant au sein de l'UE et sur les possibilités d'échanges dans ce secteur.

Pour atteindre ces objectifs, le projet se déroule en plusieurs phases, dont la première consiste à identifier, à l'aide d'un questionnaire, les besoins techniques des organisations participantes. Le choix des réseaux et la formation du personnel sont d'autres étapes vers la réalisation du système.

Dans un premier temps, divers documents de travail sont envoyés par courrier électronique. Plus tard, une conférence électronique est organisée sur le thème de la politique de la jeunesse de l'UE.

COORDINATION

COORDINATION

Steering Group of Voluntary Service Organisations
RESP.: Monica Ribustini
174, Rue Joseph II • B - 1040 Bruxelles • Belgique
☎ + 32 2 2306813 • FAX: + 32 2 2301413

THE PARTNERS

LES PARTENAIRES

Arbeitskreis Freiwilliges Soziales Jahr, Speyer (Deutschland)
Alliance of Voluntary Service Organisations, Paris (France)
The other members of the Steering Group also participate
Les autres membres du *Steering Group* participent également.

SUBSIDY GRANTED

SUBVENTION ACCORDÉE

ECU 19 465

IN A FEW WORDS...

Organisation of a follow-up seminar, creation of an e-mail network and publication of a newsletter

EN BREF...

Organisation d'un séminaire, création d'un réseau de courrier électronique et édition d'un bulletin

TO KNOW MORE...

The project consists of a follow-up seminar covering youth unemployment, initiatives to support European citizenship, information technology and the youth information charter developed by the European Youth Information and Counselling Agency (ERYICA).

The participants are policy-makers and representatives from each partner organisation.

A communication network using e-mail is also established between the partners.

In addition to this, the partners want to publish a newsletter providing an update on each country's network and local initiatives. It is designed to be complementary to the Euroflash edited by ERYICA.

The creation of a data base facilitating the exchange of documents concerning employment is also part of the project.

POUR EN SAVOIR PLUS...

Le projet comporte un séminaire sur le chômage des jeunes, les initiatives pour soutenir la citoyenneté européenne, la technologie de l'information et la charte de l'information de la jeunesse élaborée par l'Agence Européenne pour l'Information et le Conseil des Jeunes (ERYICA).

Les participants viennent de chaque organisation partenaire.

Un réseau fondé sur le courrier électronique est par ailleurs établi entre les partenaires.

De plus, les partenaires veulent publier un bulletin d'information sur leurs réseaux nationaux et leurs initiatives locales. Ce bulletin est conçu pour être complémentaire à l'Euroflash édité par ERYICA.

La création d'une base de données pour faciliter l'échange des documents sur l'emploi est également envisagée.

COORDINATION

COORDINATION

National Youth Agency (England)
RESP.: Jon Boagey
17-23, Albion Street • UK - LE1 6GD Leicester • United Kingdom
☎ + 44 116 2856789 • FAX: + 44 116 2471043
E-mail: jonb@nya.org.uk • Internet: http://www.nya.org.uk

THE PARTNERS

LES PARTENAIRES

Youth Council for Northern Ireland, Belfast (United Kingdom)
National Youth Information Monitoring Committee, Dublin (Ireland)
Wales Youth Agency, Glamorgan (United Kingdom)
Centre d'Information et de Documentation Jeunesse - CIDJ, Paris (France)
Scottish Community Education Council - SCEC, Edinburgh (United Kingdom)

SUBSIDY GRANTE

SUBVENTION ACCORDÉE

ECU 20 000

ELECTRONIC COMMUNICATION AN EFFICIENT TOOL IN THE FIGHT AGAINST RACISM AND XENOPHOBIA (1997)

IN A FEW WORDS...

Installation of an electronic communications network between the partner organisations

TO KNOW MORE...

This project is designed to increase the efficiency of initiatives against racism, xenophobia and anti-Semitism by setting up an electronic communication network between the organisations involved.

The network will improve communication between the partners and, via Internet, their contact with the general public. It will also allow the dissemination of information on the EU's initiatives in the fight against racism.

The target group are youth workers of the 'Youth Action for Peace - YAP' network.

Two seminars prepare the workers to make use of information technology.

The first seminar is concentrated on the training of the workers and on choosing the technical equipment, whilst the second focuses on their experiences, the solution of technical problems, further training and the planning of future co-operation.

In the meantime, the organisations involved receive the technical infrastructure and an Internet expert sets up the electronic network, including www-homepages.

EN BREF...

Mise en place d'un réseau de communication électronique entre les organisations partenaires

POUR EN SAVOIR PLUS...

Ce projet veut augmenter l'efficacité des initiatives contre le racisme, la xénophobie et l'antisémitisme en instaurant un réseau de communication électronique entre les organisations impliquées.

Le réseau devra améliorer la communication entre les organisations partenaires ainsi que leur contact avec le grand public, via Internet. Il permettra également de diffuser des informations sur les initiatives de l'UE dans le domaine de la lutte contre le racisme.

Le groupe cible est composé de responsables du réseau «Action Jeunesse pour la Paix» (YAP).

Deux séminaires sont organisés pour initier les participants aux technologies de communication.

Le premier séminaire est axé sur la formation des participants et sur le choix de l'équipement technique, et le second séminaire sur les discussions concernant les expériences faites et les problèmes rencontrés, avec l'occasion d'approfondir la formation et de planifier de futurs projets.

Parallèlement aux deux séminaires, le matériel technique nécessaire est fourni aux organisations, et un expert met en place le réseau électronique, y compris des pages Internet.

COORDINATION | COORDINATION

Youth Action for Peace - YAP
RESP.: Andreas Schwab
Av. du Parc Royal 3 • B - 1020 Bruxelles • Belgique
☎ + 32 2 4789410 • FAX: + 32 2 4789432 • E-mail: yap-is@agoranet.be

THE PARTNERS | LES PARTENAIRES

Movimento Cristiano per la Pace - YAP, Roma (Italia)
Christlicher Friedensdienst - CFD, Frankfurt/M. (Deutschland)
Eight other organisations in four EU Member States and four non-Member States
Huit autres organisations dans quatre États Membres de l'UE et quatre États non membres.

SUBSIDY GRANTED | SUBVENTION ACCORDÉE

ECU 24 100

CENTRES EUROPÉENS RELAIS D'INITIATIVES LOCALES CERIL (1995)

IN A FEW WORDS...

Creation of a Brussels office for research and dissemination of European information to local projects

EN BREF...

Installation d'un bureau central à Bruxelles chargé de collecter des informations européennes et de les diffuser vers des projets locaux

TO KNOW MORE...

Created in 1994, the network of the 'Centres Européens Relais d'Initiatives Locales - CERIL' links local projects in rural areas of Europe. It aims to support them with the latest information concerning Europe.

About 250 organisations and local projects (reaching a target audience of approximately 350 000 young citizens) have joined the network so far (see page 136).

During this project, the initiators establish a central office in Brussels which collects European information and gives it an interesting and easy-to-understand form for young people.

The centre is open to any interested party.

To ensure the efficient and simple diffusion of material, the Brussels office makes use of various methods: the postal service is used to send out information packs, whilst faxes and, more recently, the Internet are also used.

In addition to the dissemination of information, the centre also wants to encourage the creation of new local projects and information exchange between existing projects.

POUR EN SAVOIR PLUS...

Créé en 1994, le réseau des «Centres Européens Relais d'Initiatives Locales - CERIL», regroupe des projets locaux dans les zones rurales de l'Europe. Le réseau a pour objectif d'alimenter ces projets en informations européennes.

Environ 250 organisations et projets locaux en font déjà partie, atteignant un groupe cible d'environ 350 000 jeunes citoyens (voir p. 136).

Au cours de ce projet, les initiateurs mettent sur pied, à Bruxelles, un centre d'information qui rassemble les informations européennes et les transforme en un type d'information facile à comprendre, attirante et intéressante pour les jeunes.

Ce centre est ouvert à toute personne intéressée.

Pour assurer une diffusion efficace et simple des informations, le centre utilise l'envoi par courrier de dossiers d'informations, un système de diffusion par télécopie et, ultérieurement, un transfert d'informations par Internet.

Au-delà de la diffusion d'informations européennes, le centre veut soutenir la création de projets locaux et l'échange entre projets existants.

COORDINATION

COORDINATION

Mouvement International de la Jeunesse Agricole et Rurale Catholique - MIJARC EUROPE
RESP.: Stijn Sintubin
Rue Vanderstichelen, 21 • B - 1080 Bruxelles • Belgique
☎ + 32 2 4262829 • FAX: + 32 2 4264172
E-mail: mijarce@agoranet.be • Internet: http://www/mijarc.org

THE PARTNERS

LES PARTENAIRES

Mouvement Rural de la Jeunesse Chrétienne - MRJC, Paris (France)
Jeunesse Rurale Chrétienne - JRC, Annevoie (Belgique)
The other members of MIJARC EUROPE / Les autres membres du MIJARC EUROPE.

SUBSIDY GRANTED

SUBVENTION ACCORDÉE

ECU 38 000

CRÉATION D'UN RÉSEAU D'INFORMATION ET DE COMMUNICATION DE LA FIEEA (1997)

IN A FEW WORDS...

Strengthening an existing network through the use of Internet

EN BREF...

Renforcer un réseau existant en utilisant Internet

TO KNOW MORE...

The objective of this project is to strengthen the network of the International Federation of Educational Exchanges of Children and Young People formed in 1993.

Through the project, all the partners of the Federation are linked via the Internet in order to improve coordination within the network and to facilitate future development of interactive products.

In the course of the project, organisations that do not have the technical equipment necessary to access the Internet receive this basic material.

Accueil Jeunes, one of the partner organisations of the project, puts Internet space Euro-J (which has also been developed with the support of the Information Action aimed at Young People, see pages 105 and 106) at the disposal of the Federation.

It is used for organising discussion groups on issues such as the euro and enlargement of the Union. These discussion groups are not only open to the personnel of the association, but also to the youngsters who participate in the associations' activities.

POUR EN SAVOIR PLUS...

L'objectif de ce projet est de renforcer le réseau de la Fédération Internationale d'Echanges Educatifs d'Enfants et d'Adolescents existant depuis 1983.

Il consiste à mettre en relation tous les partenaires de la Fédération par l'intermédiaire d'Internet pour améliorer la coordination au sein du réseau et pour faciliter, dans l'avenir, la mise au point de produits interactifs communs.

Au cours du projet, les partenaires qui ne sont pas encore équipés en informatique reçoivent le matériel de base nécessaire.

Accueil Jeunes, une des organisations partenaires du projet, met à la disposition du projet le site Internet Euro-J (dont la création a été rendue possible également par le Plan d'Actions Information Jeunes, voir pages 105 et 106).

Sur ce site, des forums de discussion sur des thèmes européens tels que l'euro ou l'élargissement de l'Union sont organisés, impliquant non seulement le personnel des associations, mais également les jeunes avec qui ces organisations travaillent.

COORDINATION

COORDINATION

Fédération Internationale d'Echanges Educatifs d'Enfants et d'Adolescents - FIEEA
RESP.: Jean-Yves Crenn
10, rue Tolain • F - 75020 Paris • France
☎ + 33 1 44642160 • FAX: + 33 1 44642166

THE PARTNERS

LES PARTENAIRES

Fourteen organisations in six EU Member States and seven other countries
Quatorze organisations dans six États membres de l'UE et dans sept autres pays.

SUBSIDY GRANTED

SUBVENTION ACCORDÉE

ECU 35 000

IN A FEW WORDS...

Conference for journalists of youth media and the foundation of an association

EN BREF...

Conférence de journalistes travaillant pour un public jeune et fondation d'une association

TO KNOW MORE...

This project consists of a conference of youth media journalists during which a European association of youth media journalists (EAYMJ) is founded.

Speeches and discussions take place about the importance of the EU in the day-to-day life of young people, focusing in particular on the field of youth exchanges and training opportunities abroad. The role of young people in the media and their access to media is also discussed.

The participants also undertake journalistic research on a relevant European youth issue in Bonn, for example visiting the Franco-German Youth Office.

At the end of the conference, a constituting assembly is held in order to create the EAYMJ. This association has the objective of creating a network of contacts between the journalists and establishing a database of 'helpful' information.

POUR EN SAVOIR PLUS...

Réunir, lors d'une conférence à Bonn, des journalistes travaillant pour un public jeune, et fonder une association européenne des journalistes des médias jeunes (EAYMJ), tels sont les buts du projet.

Des exposés et des discussions sont organisés sur l'importance de l'UE dans la vie quotidienne des jeunes, mettant l'accent sur les échanges et la formation à l'étranger. Le rôle des jeunes dans les médias et leur accès aux médias sont également traités.

Par ailleurs, les participants effectuent une recherche sur le terrain sur des sujets européens intéressant un public jeune, visitant par exemple l'Office Franco-Allemand pour la Jeunesse.

À la fin de la conférence, une assemblée fondatrice est convoquée afin de créer l'association EAYMJ, dont le but est de constituer un réseau de contacts entre les journalistes et d'établir une base de données à leur service.

COORDINATION

COORDINATION

Jugendpresseclub e.V. - JPC
RESP.: Monika Bürvenich
Lennéstr. 42 • D - 53113 Bonn • Deutschland
☎ + 49 228 217786 • FAX: + 49 228 213984 • E-mail: JPCBonn@aol.com

THE PARTNERS

LES PARTENAIRES

Associação Portuguesa de Jovens Journalistas - APJJ, Lisboa (Portugal)
Stichting Jongeren Onderwijs Media - JOM, Utrecht (Nederland)
National Youth Agency, Leicester (United Kingdom)

SUBSIDY GRANTED

SUBVENTION ACCORDÉE

ECU 14 000

UNION EUROPÉENNE ET PROJETS LOCAUX, INFORMATIONS, LIGNES POLITIQUES... LES CONNAÎTRE, EST-CE ÉVIDENT? (1994)

IN A FEW WORDS...

Seminar aimed at strengthening a network of rural centres

TO KNOW MORE...

The aim of this seminar is to strengthen the existing European network of local centres of training and information on European questions in rural areas (Centres Européens Relais d'Initiatives Locales - C.E.R.I.L.). This is achieved by intensifying the contacts and exchange of information between its members.

The network consists of 15 centres across Europe, most of them established by groups of young people.

The target group of the seminar are young volunteers from local projects and representatives from the member organisations of MIJARC. Over four days, the 25 participants exchange experiences and discuss the relation between local projects for young people in rural areas and the European dimension.

Based on this discussion, the seminar aims at defining how best to use the network to facilitate the integration of a European dimension into local rural development initiatives. The meeting is also expected to stimulate the realisation of trans-European projects between network partners.

EN BREF...

Séminaire pour renforcer un réseau de centres ruraux

POUR EN SAVOIR PLUS...

L'objectif de ce séminaire européen est d'intensifier et de rendre plus réguliers les contacts et le flux d'informations au sein du réseau européen existant formé par les «Centres Européens Relais d'Initiatives Locales - C.E.R.I.L.».

À travers l'Europe, ce réseau regroupe une quinzaine de centres, occupant des sites souvent aménagés par des jeunes eux-mêmes.

Le séminaire s'adresse à des jeunes engagés dans des projets locaux et à des responsables des mouvements membres du MIJARC. Pendant quatre jours, les vingt-cinq participants échangent leurs expériences et mènent une réflexion sur la relation entre, d'une part, les projets locaux pour les jeunes du monde rural et, d'autre part, le niveau européen.

À partir de cette discussion, le séminaire tente de définir comment utiliser au mieux le réseau afin de faciliter les initiatives locales de développement rural intégrant la dimension européenne et de promouvoir la création de projets transeuropéens entre les partenaires.

COORDINATION / COORDINATION

Mouvement International de la Jeunesse Agricole et Rurale Catholique - MIJARC EUROPE
RESP.: Stijn Sintubin, Marc van der Riet
Rue Vanderstichelen, 21 • B - 1080 Bruxelles • Belgique
☎ + 32 2 4262829 • FAX: + 32 2 4264172
E-mail: mijarce@agoranet.be • Internet: http://www/mijarc.org

THE PARTNERS / LES PARTENAIRES

Mouvement Rural de la Jeunesse Chrétienne - MRJC, Paris (France)
Jeunesse Rurale Chrétienne - JRC, Annevoie (Belgique)
The other members of MIJARC EUROPE / Les autres membres du MIJARC EUROPE.

SUBSIDY GRANTED / SUBVENTION ACCORDÉE

ECU 7 500

NETWORK OF EUROPEAN INFORMATION BUREAU
NEIB (1994)

IN A FEW WORDS...

Creation of a network of European youth information centres

EN BREF...

Création d'un réseau de centres d'information européenne pour les jeunes

TO KNOW MORE...

The project aims to create a network of European youth information centres using a model developed by the European Bureau of the Youth Council of Northern Ireland.

The bureau provides information to young people on the European Union and its programmes for young people, via a network of about 700 subscribers.

Through this project, the model of information agency developed in Northern Ireland is opened to the partner organisations and an integrated network is created between all the partners.

Building up this network allows them to share and develop joint information resources and databases and to expand their target audience.

In fact, they combine their forces: the European Bureau has a great deal of experience in producing European information materials, whereas the Wales Youth Agency has an extensive network based on information technology and the Coventry Education Development Centre has a good network with schools.

The partners also work together to develop an information training module for those working with young people.

POUR EN SAVOIR PLUS...

Le projet vise à créer un réseau de centres d'information européenne pour les jeunes, selon le modèle développé par le Bureau Européen du Conseil de la Jeunesse de l'Irlande du Nord.

À travers un réseau d'environ 700 abonnés, le Bureau fournit aux jeunes des informations sur l'Union européenne et ses programmes pour les jeunes.

À travers le projet, le modèle d'agence d'information développé en Irlande du Nord est ouvert à tous les partenaires, et un réseau intégré est créé parmi eux.

Créer ce réseau leur permet de partager et de développer en commun des ressources d'information et des bases de données, ainsi que d'élargir leur groupe cible.

En effet, les partenaires unissent leurs forces: le Bureau Européen a une grande expérience dans la production de matériel d'information européenne, tandis que l'Agence de Jeunesse du Pays de Galles dispose d'un large réseau informatisé et le Centre de Coventry, d'un large réseau parmi les écoles.

Les partenaires coopèrent également dans le développement d'un module de formation destiné aux personnes travaillant avec des jeunes.

COORDINATION | COORDINATION

European Bureau of the Youth Council of Northern Ireland
RESP.: Arthur Dempster
Purdy's Lane, Lamont House • UK - BT8 4TA Belfast • United Kingdom
☎ + 44 1232 643882 • FAX: + 44 1232 643874 • E-mail: ycni@ycouncil.dnet.co.uk

THE PARTNERS | LES PARTENAIRES

Community Education Development Centre, Coventry (United Kingdom)
Wales Youth Agency, Glamorgan (United Kingdom)

SUBSIDY GRANTED | SUBVENTION ACCORDÉE

ECU 29 950

IN A FEW WORDS...

Meeting to reinforce an existing network and the production of information tools

EN BREF...

Réunion pour renforcer un réseau existant et créer des outils d'information

TO KNOW MORE...

The aim of 'Team Europe Junior - TEJ' is to set up a peer-group education model which means that information on the European Union is provided to pupils by students. The idea behind this model is that communication works better between generations having the same concerns.

A number of education organisations in various countries have already joined the project over the last years.

The aim of this project is to give a European dimension to the TEJ by developing the cooperation between the organisations already involved. A further aim is to elaborate information tools that can be used by young people.

To achieve this, a meeting is organised involving not only the participating organisations, but also young people and teachers.

At this meeting, a TEJ European office is created. A charter of quality and work standards of the European network of TEJ is also drawn up, as well as a timetable for further meetings.

POUR EN SAVOIR PLUS...

Les «Team Europe Junior - TEJ» ont pour objectif de mettre en place des dispositifs d'information sur l'Union européenne pour des jeunes (scolaires) par des jeunes (étudiants), en partant du principe que la communication passe mieux entre des générations ayant les mêmes préoccupations.

Un certain nombre d'organismes d'éducation se sont déjà engagées dans cette action, au cours des dernières années.

Dans le cadre du projet, il s'agit de donner une dimension européenne à ces TEJ par le développement d'une coopération entre ces organismes et la création d'outils pédagogiques d'information à destination des jeunes.

Pour atteindre cet objectif, une réunion est organisée non seulement avec les organismes participants, mais également avec des jeunes et des professeurs.

Lors de cette réunion, un bureau européen des TEJ est créé. Une charte de qualité et de déontologie du réseau européen des TEJ est également établie ainsi qu'un calendrier de rencontres au niveau national.

COORDINATION

COORDINATION

Institut de Recherche et de Réflexion sur la Coopération Européenne - IRRCE
RESP.: Gilles Sintes, Cécile Lambert
Les térasses de Montcalm • 1401, rue de Fontcouverte • F - 34070 Montpellier • France
☎ + 33 4 67479294 • FAX: + 33 4 67425951 • E-mail: Gilles@cge-ol.fr

THE PARTNERS

LES PARTENAIRES

Europa Centrum, Den Haag (Nederland)
Association pour le développement de la citoyenneté européenne - APDCE, Lisboa (Portugal)
European Communities Project, London (United Kingdom)
Europa Haus, Leipzig (Deutschland)

SUBSIDY GRANTED

SUBVENTION ACCORDÉE

ECU 25 000

IN A FEW WORDS...

Meeting for young women working in the media

EN BREF...

Rencontre de jeunes femmes travaillant dans les médias

TO KNOW MORE...

During a three day meeting entitled 'European Network of Women in the Media', 30 young women from Germany, Austria and France come together to examine the role of women in the media.

The participants are not more than 30 years old and are all active in the media. They are all ready to assume higher responsibilities in their field of work.

In the course of the meeting, they analyse the specific role of women in the media in Germany, Austria and France. They focus particularly on the place of women in the media not only as consumers but also as producers. For example, the role of women as consumers of media products is studied through the analysis of films, advertisements etc.

Another objective of the project is to define strategies for women in the European media market.

The contacts made during the meeting and the strategies defined are at the first steps towards the creation of a European network of 'media women'.

POUR EN SAVOIR PLUS...

Au cours d'une rencontre de trois jours intitulée «Femmes-Médias-Réseau», une trentaine de jeunes femmes venant d'Allemagne, d'Autriche et de France travaillent sur le rôle des femmes dans les médias.

Les participantes, ayant au maximum trente ans, sont toutes des femmes actives dans le monde des médias et prêtes à assumer une position de haut responsable dans leur domaine.

Au cours de la rencontre est analysé, entre autres, le rôle spécifique des femmes dans les médias des trois pays, en tant que productrices et en tant que consommatrices. Le rôle des femmes en tant que consommatrices, par exemple, est étudié en analysant l'image des femmes dans la publicité, les films, etc.

Il s'agit également de définir des stratégies pour les femmes dans le marché européen des médias.

Les contacts établis entre les participantes ainsi que les stratégies définies lors de la rencontre servent de base pour la création d'un réseau européen «femmes-média».

COORDINATION

COORDINATION

Deutsche Jugendpresse e.V.
RESP.: Frauke Wille, Martin Finkenberger
Perleberger Straße 31 • D - 10559 Berlin • Deutschland
☎ + 49 30 3969519 • FAX: + 49 30 3969736
E-mail: DJP@JPBerlin.Berlinet.de • Internet: http://www.Berlinet.de/DJP

THE PARTNERS

LES PARTENAIRES

Österreichischer Bundesjugendring - Frauenkomitee, Wien (Österreich)
Jeune Presse, Paris (France)

SUBSIDY GRANTED

SUBVENTION ACCORDÉE

ECU 6 900

ACTIONS D'INFORMATION SUR L'EUROPE DANS LE RÉSEAU DES CENTRES D'INFORMATION JEUNESSE (1996)

IN A FEW WORDS...

Evaluation of the information actions on European issues in the ERYICA network

EN BREF...

Évaluation des actions d'information européenne au sein du réseau ERYICA

TO KNOW MORE...

In 1986, the Information and Counselling Centres in Europe founded the European association ERYICA in order to respond more effectively to the growing demand of young people for information on Europe.

The organisations forming ERYICA set up, in their respective countries, specific information projects on European issues, the European Union and the programmes designed especially for young people. These projects are called 'Espace Europe' or 'Coin Europe'.

The objective of the present research is to evaluate these projects in each country in order to improve their efficiency and to define future perspectives.

At a European seminar of presentation and reflection, these national reports are studied and discussed. An analysis of the present situation and future perspectives is published in a concluding report.

POUR EN SAVOIR PLUS...

Les Centres d'Information et de Conseil des pays d'Europe se sont, depuis 1986, organisés au sein de l'association européenne ERYICA pour mieux répondre aux exigences des jeunes en matière d'information européenne.

Les organisations réunies au sein d'ERYICA ont mis en place dans leurs pays respectifs, des actions d'information sur l'Europe, l'Union européenne et les programmes spécifiques s'adressant aux jeunes. Ces actions portent le nom d'«Espace Europe» ou de «Coin-Europe».

L'objectif du présent projet est de dresser un bilan de ces actions pour chaque pays afin d'améliorer leur efficacité et de dégager des perspectives d'avenir.

Lors d'un séminaire européen de présentation et de réflexion, ces rapports nationaux sont étudiés et discutés. Les conclusions du séminaire sont publiées sous forme d'un document d'analyse et de prospective.

COORDINATION

COORDINATION

Centre d'Information et de Documentation Jeunesse - CIDJ
RESP.: Joel Laine, Bernard Charbonnel
101, Quai Branly • F - 75740 Cedex 15 Paris • France
☎ + 33 144491320 • FAX: + 33 140650261 • E-mail: charbo@worldnet.net

THE PARTNERS

LES PARTENAIRES

Centre National d'Information et d'Echange de Jeunes, Luxembourg (Luxembourg)
Finnish Youth Cooperation ALLIANSSI, Helsinki (Finland)
Centro Informagiovani, Torino (Italia)
INJUVE, Madrid (España)
Instituto da Juventude, Lisboa (Portugal)
AHA Tips und Infos für junge Leute, Dornbirn (Österreich)
National Youth Information Monitoring Committee, Dublin (Ireland)

SUBSIDY GRANTED

SUBVENTION ACCORDÉE

ECU 25 000

I GIOVANI CONOSCONO L'EUROPA (1997)

IN A FEW WORDS...

Creation of a network of cities and the organisation of information within the network

EN BREF...

Création d'un réseau entre villes et organisation d'actions d'information au sein de ce réseau

TO KNOW MORE...

Aimed at informing young people aged between 14 and 25 about the EU, its initiatives for young people and about the meaning of European citizenship, this project also intends to stimulate reflection amongst young people about European problems.

A network of Italian and European municipalities is therefore created, within which the 'Informagiovani counters' and other youth centres play an important role, reaching between 500 and 1 000 young people in every municipality.

Within the network, audiovisual material and a publication are produced, explaining the history of European integration, the European institutions and policies and also the possibilities that the EU offers to young people.

The publication and the video are advertised on local radio and TV.

Information meetings also take place in the municipalities involved and after these meetings, peer-groups are formed to disseminate the information to other youngsters. A meeting of all countries' peer-groups is finally organised allowing them to compare their experiences.

POUR EN SAVOIR PLUS...

Destiné aux jeunes de 14 à 25 ans, ce projet veut les informer sur l'UE, sur ses initiatives en faveur des jeunes et sur la citoyenneté européenne. Il veut également stimuler la réflexion chez les jeunes sur les problèmes européens.

Un réseau de villes italiennes et européennes est créé au sein duquel les «Informagiovani counters» et d'autres centres de jeunesse jouent un rôle important. À travers ces centres, entre 500 et 1 000 jeunes peuvent être touchés dans chaque ville.

Au sein du réseau, une publication et un outil audiovisuel sont produits, expliquant aux jeunes l'histoire de la construction européenne, les institutions et les politiques ainsi que les possibilités que leur offre l'UE.

À travers des stations locales de radio et de télévison, les initiateurs font connaître leur projet.

En outre, des réunions d'information sont organisées dans les villes impliquées. Ensuite, des groupes de jeunes sont constitués qui diffusent l'information à d'autres jeunes. Une réunion des groupes de tous les pays est finalement organisée afin de leur permettre de comparer leurs expériences.

COORDINATION

COORDINATION

Futura Europa
RESP.: Luisa Lovisolo
Via Rondoni 11 • I - 20146 Milano • Italia
☎ + 39 2 47719115 • FAX: + 39 2 48953371

THE PARTNERS

LES PARTENAIRES

Europa-Forum Magdeburger Boerde e.V., Magdeburg (Deutschland)
Jarvenpaan Kaupunky, Jarvenpaa (Finland)
Cooperativa Tempo Libro, Brescia (Italia)
Six municipalities / Six municipalités (Italia)

SUBSIDY GRANTED

SUBVENTION ACCORDÉE

ECU 25 000

IV

Training Former

TRAINING COURSE 'EUROPEAN AWARENESS-RAISING IN LONG-TERM YOUTH EXCHANGE PROGRAMMES' (1994)

IN A FEW WORDS...

Training course for youth workers

TO KNOW MORE...

The project consists of a training course for 24 persons in charge of European programmes within national organisations that are active in the field of long-term youth exchanges.

During the five days of training, the participants learn how best to raise awareness about the EU and its institutions within long-term youth exchange programmes.

Furthermore, information is disseminated on the importance of European developments, as well as on the priorities of the European Commission in the field of youth information and on programmes like Leonardo, Socrates and Youth for Europe III.

The organisers of the project also intend to plan follow-up 'European information' sessions within the participants' own national organisations. During the training course, the participants are also introduced to the use of media and new technologies.

A meeting with other major European long-term youth exchange organisations is also part of the course programme.

EN BREF...

Stage de formation pour jeunes multiplicateurs

POUR EN SAVOIR PLUS...

Ce projet consiste en un cours de formation pour les jeunes responsables chargés des activités d'information européenne au sein de leurs organisations nationales actives dans le domaine des échanges de jeunes à long terme.

Au cours de cette formation de cinq jours, les participants apprennent comment mieux faire connaître l'UE et ses institutions au cours des échanges qu'ils organisent.

Il s'agit, aussi, de diffuser des informations sur l'importance de la construction européenne, sur les priorités de la Commission européenne en matière d'information des jeunes ainsi que sur les programmes tels que Leonardo, Socrates et Jeunesse pour l'Europe III.

Les initiateurs du projet veulent également inciter les participants à organiser eux-mêmes des réunions d'information sur l'Europe au sein de leur organisme national. En outre, il s'agit de les familiariser avec l'usage des médias et des nouvelles technologies.

Une rencontre avec d'autres organisations proposant des échanges de jeunes à long terme fait également partie du programme.

COORDINATION | COORDINATION

International Christian Youth Exchange - I.C.Y.E. Europe
RESP.: Jan Bal
Naamsesteenweg 164 • B - 3001 Leuven • Belgique
☎ + 32 16 233762 • FAX: + 32 16 233925
E-mail: icyeeur@knooppunt.be • Internet: http://www.knooppunt.be/~icyeeur

THE PARTNERS | LES PARTENAIRES

Member organisations of the I.C.Y.E. in nine EU Member States and one in Norway
Les organisations membres de l'I.C.Y.E. dans neuf États membres de l'UE et une en Norvège.

SUBSIDY GRANTED | SUBVENTION ACCORDÉE

ECU 14 900

IN A FEW WORDS...

A competition, training courses, exhibitions and conferences

EN BREF...

Un concours, des stages de formation, des expositions et des conférences

TO KNOW MORE...

This project consists of several sub-projects, all aiming to provide information to young people about Europe.

The first element is a competition held in Greece, the United Kingdom and Italy between pupils of secondary schools who have to answer a questionnaire. The winning teams then meet for a final competition.

Another sub-project is the organisation of a training course for young people in Lefkada. Given to different groups of youngsters, the course focuses on the history, the institutions and the programmes of the EU. The course is then evaluated in order to find out more about the specific needs for information within these groups.

Around the Youth Information Centre of Lefkada, further activities are organised, for example, the publication of a newspaper, the presentation of posters, or the organisation of meetings.

A conference for the heads of local sections of each partner organisation is also held, dealing mainly with the problem of how best to inform young people about Europe.

POUR EN SAVOIR PLUS...

Ce projet comprend plusieurs volets, tous conçus pour diffuser des informations aux jeunes sur l'Europe.
Un concours est organisé en Grèce, au Royaume-Uni et en Italie entre les élèves des écoles secondaires qui doivent répondre à un questionnaire. Les équipes gagnantes se réunissent ensuite pour un concours final.

De même, un stage de formation est prévu pour les jeunes à Lefkada, axé sur l'histoire, les institutions et les programmes de l'UE. Une évaluation est faite à la suite du stage afin de déceler les besoins d'information au sein de ces groupes.

Autour du centre d'information de la jeunesse de Lefkada, d'autres activités sont organisées, comme la publication d'un journal, l'exposition d'affiches ou l'organisation de réunions.

Une conférence est également organisée pour les chefs des sections locales de chaque organisation partenaire, avec comme thème principal la question de savoir comment mieux informer les jeunes sur l'Europe.

COORDINATION

COORDINATION

Municipality of Lefkada
RESP.: Kostas Stamatelos, Amalia Fragouli
Theothorou Stratou 1 • GR - 31100 Lefkada • Ellas
☎ + 30 645 23355/23354 • FAX: + 30 645 23353

THE PARTNERS

LES PARTENAIRES

Lochaber Limited, Fort William (United Kingdom)
Commune di S. Giorgio a Cremano, Napoli (Italia)

SUBSIDY GRANTED

SUBVENTION ACCORDÉE

ECU 30 000

IN A FEW WORDS...

Selecting and training young people interested in setting up their own European projects

EN BREF...

Sélection et formation de jeunes s'intéressant au montage de leurs propres projets europeéns

TO KNOW MORE...

The Futurum project aims at educating young people aged 17 to 24 to become 'Futurum-Pilots', so that they will act as driving forces for further EU-related projects.

In the framework of the Action aimed at Young People, the first steps of this initiative are supported.

They consist of identifying and selecting young people interested in becoming 'Futurum-Pilots'.

An information package is sent to young people living in the regions of Landskrone, Copenhagen and Rügen, containing information on the EU, on the opportunities the EU offers to young people, a presentation of the Futurum project and an invitation to information meetings.

During these meetings, participants receive more information on the EU and the Futurum project. They are then invited to form working groups on issues such as the EU, environment, multimedia and the fight against racism.

Amongst those who commit themselves at this stage, 75 people per region are selected as 'Futurum-Pilots'.

POUR EN SAVOIR PLUS...

Le projet Futurum vise à former des jeunes de 17 à 24 ans pour devenir des «Pilotes Futurum», ce qui leur permettra de monter leurs propres projets européens.

Les premières étapes de cette initiative sont soutenues dans le cadre du Plan d'Actions Information Jeunes.

Les initiatives consistent à identifier et à sélectionner les jeunes souhaitant devenir des «Pilotes Futurum».

Pour y parvenir, un dossier d'information est envoyé aux jeunes des régions de Landskrone, de Copenhague et de Rügen. Il contient des informations sur l'UE, sur les programmes qu'elle propose aux jeunes ainsi qu'une présentation du projet Futurum et une invitation à des réunions d'information.

Au cours de ces réunions, ceux qui ont accepté l'invitation reçoivent des informations supplémentaires sur l'UE et le projet Futurum. Ils sont invités, par la suite, à former des groupes de travail sur des thèmes tels que l'UE, l'environnement, la lutte contre le racisme ou le multimédia.

Parmi ceux qui s'investissent particulièrement à ce stade, soixante-quinze sont sélectionnés par région comme «Pilotes Futurum».

COORDINATION

COORDINATION

Hyresgästernas Riksförbund - The Tenants Association
RESP.: Hjalmar Falck
Sodergatan, 41 • S - 25002 Helsingborg • Sverige
☎ + 46 42 210102 • FAX: + 46 42 184590

THE PARTNERS

LES PARTENAIRES

Kreisvolkshochschule Rügen, Bergen (Deutschland)
Deutscher Mieterbund Mieterverein Rügen, Binz (Deutschland)
Lo I Hovedstaden, København (Danmark)
Landskrone Sjukvardsdistrict, Landskrone (Sverige)
Polismydighoten, Landskrone (Sverige)
Amatorkater forenigen Harlekin, Landskrone (Sverige)

SUBSIDY GRANTED

SUBVENTION ACCORDÉE

ECU 20 000

EUROPE - THE BENEFITS FOR YOUNG PEOPLE AND THEIR ORGANISATIONS (1994)

IN A FEW WORDS...

Training seminar for the staff of youth organisations

EN BREF...

Séminaire de formation pour le personnel des organisations de jeunesse

TO KNOW MORE...

The idea behind this two-day seminar for the personnel of youth organisations is to provide the participants with basic information about programmes, funding opportunities and information sources available within the European institutions.

Concentrating on basic and practical information, the seminar deals with questions such as 'how can young people and youth organisations access youth information in Europe?'. The seminar also explains the funding opportunities offered by the EU and the possibilities to find alternative sources of funding.

For the discussions and practical demonstrations, guest speakers from the relevant EU institutions are invited.

A final report is written and distributed to the participating organisations to ensure that the information is available within these organisations even if there are changes of personnel.

POUR EN SAVOIR PLUS...

S'adressant au personnel des organisations de jeunesse, ce séminaire de deux jours porte sur les programmes communautaires en faveur des jeunes et sur les possibilités de soutien financier qui en découlent, de même que sur les sources d'information au sein des institutions européennes.

Axé sur des informations pratiques, le séminaire indique où et comment les jeunes et leurs organisations peuvent obtenir un soutien financier pour leurs projets, non seulement de la part de l'UE, mais aussi d'autres sources. Le programme porte également sur la question «Comment accéder à l'information destinée aux jeunes au sein des institutions européennes?»

Des experts compétents des institutions de l'Union européenne sont invités à toutes les discussions et démonstrations pratiques.

Un rapport final est diffusé aux organisations participantes afin de s'assurer que l'information est disponible en dépit des changements de personnel assez fréquents.

COORDINATION

COORDINATION

European Coordination Bureau of International Youth Organisations
Now / maintenant: Youth Forum - Forum Jeunesse
RESP.: Mark DeMeyer
120, rue Joseph II • B - 1000 Bruxelles • Belgique
☎ + 32 2 2306490 • FAX: + 32 2 2302123

THE PARTNERS

LES PARTENAIRES

32 member organisations of the former European Coordination Bureau in nine European countries
Trente-deux organisations membres de l'ancien Bureau Européen de Coordination dans neuf pays européens.

SUBSIDY GRANTED

SUBVENTION ACCORDÉE

ECU 3 750

JOURNÉE D'INFORMATION EUROPÉENNE POUR PROFESSIONNELS DE L'INFORMATION JEUNESSE (1997)

IN A FEW WORDS...

Organisation of a European information day for youth information professionals

EN BREF...

Organisation d'une journée d'information européenne pour les professionnels de l'information jeunesse

TO KNOW MORE...

On the occasion of the General Assembly of the European Youth Information and Counselling Agency (ERYICA), an information day focusing on European topics is organised for approximately 70 youth information professionals from 27 countries.

The programme includes

- information on the development of EU policies in general and, in particular, of EU youth policies;
- the information tools developed by the DG X of the European Commission;
- the youth policy of the European Council.

Experts are invited to briefly present these topics, leaving time for the participants to discuss the issues.

An exhibition stand by the Representation of the European Commission in Luxembourg as well as a permanent connection to the European Commission Internet server, 'Europa', complete the information presented.

A speech delivered by the Luxembourg Minister for Youth, Mr Alex Bodry and a press conference mark the end of the information day.

POUR EN SAVOIR PLUS...

À l'occasion de l'assemblée générale du réseau de l'Agence Européenne pour l'Information et le Conseil des Jeunes (ERYICA), est prévue une journée d'information européenne destinée à environ 70 professionnels de l'information jeunesse venant de 27 pays.

Le programme de la journée porte sur:
- l'évolution de la politique de l'UE en général, et par rapport aux jeunes en particulier;
- les outils d'information mis au point par la DG X de la Commission européenne;
- la politique de jeunesse du Conseil européen.

Ces thèmes font l'objet d'exposés de la part d'experts invités, puis sont soumis à la discussion générale.

Un stand de la représentation de la Commission européenne au Luxembourg ainsi qu'une connexion permanente au serveur Internet Europa de la Commission européenne complètent l'information proposée.

La journée est clôturée par une intervention du ministre luxembourgeois de la jeunesse, M. Alex Bodry, et par une conférence de presse.

COORDINATION

COORDINATION

Centre National d'Information et d'Echanges pour Jeunes
RESP.: Nico Meisch
Bvd de la Pétrusse, 76 • L - 2320 Luxembourg • Luxembourg
☎ + 352 405550 / 405551 • FAX: + 352 405556
E-mail: andree.debra@ci.educ.lu • Internet: http://www.online.lu/snj

THE PARTNERS

LES PARTENAIRES

Instituto de la Juventud, Madrid (España)
Finnish Youth Cooperation ALLIANSSI, Helsinki (Finland)
Centre d'Information et de Documentation Jeunesse - CIDJ, Paris (France)

SUBSIDY GRANTED

SUBVENTION ACCORDÉE

ECU 24 463

V

Projects co-financed independently of the Information Action aimed at Young People

Projets cofinancés indépendamment de l'Action d'Information Public Jeunes

IN A FEW WORDS...

Campaign for the 1994 European Parliament elections

EN BREF...

Campagne pour les élections au Parlement européen de 1994

TO KNOW MORE...

The Pro Vote Europe 94 campaign aimed at increasing the participation of young people in the elections for the European Parliament, both as voters and as candidates.

The campaign asks young Europeans to support the Parliament and to use the election as an opportunity to influence European policy.

It informs young people about European integration and more specifically about the work of the EU in the sector of youth, culture and information.

Pro Vote Europe 94 works along two lines:

Firstly, seminars are offered where young people receive training in order to inform other young people in their own organisations.

Secondly, an information service is established through which all young people, either on an individual level or through organisations, can obtain information on different aspects of European integration.

The media are also mobilised to distribute information about Europe and the European elections. The campaign is supported by a wide range of materials produced by youth organisations and by the Pro Vote Europe 94 initiative.

POUR EN SAVOIR PLUS...

L'initiative «Pro Vote Europe 94» vise à augmenter la participation des jeunes - en tant qu'électeurs ou en tant que candidats - dans l'élection du Parlement européen.

La campagne incite les jeunes à donner leur soutien au Parlement et à profiter des élections pour influencer la politique au niveau européen.

Elle informe les jeunes sur la construction européenne en général et sur le travail de l'UE dans les domaines de la jeunesse, de la culture et de l'information.

«Pro Vote Europe 94» est organisée autour de deux axes.

Le premier consiste à proposer des séminaires de formation aux jeunes qui veulent agir comme multiplicateurs au sein de leurs organisations.

Le second élément est un service d'information à travers lequel tous les jeunes intéressés, organisés ou non, peuvent obtenir des informations sur les divers aspects de la construction européenne.

Les médias sont également impliqués pour diffuser des informations sur l'Europe et les élections européennes. La campagne s'appuie sur des matériaux produits soit par des organisations de jeunesse, soit par l'initiative «Pro Vote Europe 94».

COORDINATION

COORDINATION

ProVote 94 • c/o Young European Federalists - JEF
RESP.: Bernd Hüttemann
Place du Luxembourg plein, 1 • B - 1050 Bruxelles • Belgique
☎ + 32 2 5120053 • FAX: + 32 2 5126673
E-mail: jef.europe@euronet.be • Internet: http://www.alli.fi/~jef/

THE PARTNERS

LES PARTENAIRES

Democrat Youth Community of Europe - DEMYC
Young European Greens Federation - ECOLO
European Union Organisation of Socialist Youth - ECOSY
European Young Christian Democrats - EYCD
International Federation of Liberal and Radical Youth - IFLRY
Liberal and Radical Youth Mouvement of the EU - LYMEC

SUBSIDY GRANTED

SUBVENTION ACCORDÉE

ECU 100 000

CAMPAIGN 'VOTE EUROPE' (1994)

IN A FEW WORDS...

Television campaign for the European Parliament elections

EN BREF...

Campagne télévisée à l'occasion des élections au Parlement européen

TO KNOW MORE...

In the context of the European Parliament's June 1994 elections, MTV Europe organised a 'Vote Europe' special, consisting of a series of programme initiatives.

The aims of the programmes are to raise awareness of pan-European issues directly concerning young Europeans, to inform them of the role of the EU institutions and to encourage them to vote in the elections.

The campaign consists of four elements:

- the 'Monday reports'; a series of ten news reports on issues of concern for the future of young people, such as immigration laws, drugs and unemployment.

- a 'Vote Europe' weekend special including interviews with politicians, a quiz show on Europe featuring pop stars, and a live studio debate between young people and four MEPs.

- a 30 second spot encouraging the youth of Europe to vote in the elections, aired seven times a day during the weeks preceding the elections.

- a poster distributed to youth and information centres across Europe.

POUR EN SAVOIR PLUS...

Dans le contexte des élections au Parlement européen de juin 1994, MTV Europe organise une série d'émissions spéciales «Vote Europe».

L'objectif de ces émissions est de sensibiliser les jeunes européens à des thèmes qui les concernent directement, de les informer sur le rôle des institutions de l'UE et de les encourager à voter lors des élections.

La campagne comporte quatre volets:

- les «Monday Reports»: une dizaine de reportages d'actualité sur des thèmes qui concernent l'avenir des jeunes, tels que les lois sur l'immigration, les drogues, le chômage, etc;

- une émission spéciale week-end «Vote Europe»: des entretiens avec des politiciens; un *quiz* sur l'Europe en présence de vedettes du pop; et un débat en direct entre des jeunes et quatre députés européens;

- un *spot* de trente secondes encourageant les jeunes à voter lors des élections et diffusé sept fois par jour pendant les semaines précédant les élections;

- une affiche correspondante distribuée à travers les centres de jeunes et les centres d'information partout en Europe.

COORDINATION

COORDINATION

MTV Europe
RESP.: C. Lengyel
Howley Crescent • UK - NW1 8TT London • United Kingdom
☎ + 44 171 2847777 • FAX: + 44 171 2847788

SUBSIDY GRANTED

SUBVENTION ACCORDÉE

ECU 15 000

IN A FEW WORDS...

Production of television specials on young people's way of life in Europe, their attitudes and points of view

EN BREF...

Production d'émissions télédiffusées sur la façon de vivre des jeunes en Europe, leurs attitudes et leurs points de vue

TO KNOW MORE...

The programmes produced in the course of this project compare lifestyles in the north and south of the European Union and explore young people's attitudes to war and peace in Europe. They were shown in the last quarter of 1995.

'North and south' portrays the differences in lifestyles and aspirations of young people in Kiruna (Sweden) and Crete (Greece). It focuses on their views on social activities, partners, freedom etc.

'Euro train' shows the experiences of a girl from Bratislava (Slovakia) travelling from Warsaw to Strasbourg on board one of the 'Eurotrains', funded by the Council of Europe as part of the youth campaign 'All different - all equal'.

'Peace package: Bosnia' contains interviews with a young rock band in Tuzla, a report on a massacre amongst young people in Tuzla, interviews with young refugees from Bosnia and a report on the nightlife in Sarajevo.

The planned 'Peace package: Belfast' had to be put on hold due to the collapse of the cease-fire in Northern Ireland.

POUR EN SAVOIR PLUS...

Les émissions produites au cours de ce projet comparent la façon de vivre des jeunes dans le nord et le sud de l'Union européenne et explorent leurs attitudes face à la guerre et à la paix en Europe. Les émissions sont diffusées au cours du dernier trimestre de 1995.

«North and South» porte sur les différences dans la façon de vivre et les aspirations des jeunes à Kiruna (Suède) et en Crète (Grèce). L'émission exprime leurs points de vue concernant les loisirs, les partenaires, la liberté, etc.

«EuroTrain» montre les expériences d'une jeune fille de Bratislava (Slovaquie) voyageant de Varsovie à Strasbourg à bord d'un des «Eurotrains» financés par le Conseil de l'Europe dans le cadre de la campagne de jeunesse «Tous différents - Tous égaux».

«Peace Package: Bosnia» comprend un entretien avec un groupe de rock à Tuzla, un reportage sur un massacre de jeunes à Tuzla, des entretiens avec des jeunes réfugiés de Bosnie ainsi qu'un reportage sur la vie nocturne à Sarajevo.

L'émission «Peace Package: Belfast» a dû être mise en attente à la suite de l'interruption du couvre-feu en Irlande du Nord.

COORDINATION

COORDINATION

MTV Europe
Howley Crescent • UK - NW1 8TT London • United Kingdom
☎ + 44 171 2847777 • FAX: + 44 171 2847788

SUBSIDY GRANTED

SUBVENTION ACCORDÉE

ECU 19 764

MTV MINUTE CINEMA: THE EUROPEAN EYE (1996)

IN A FEW WORDS...

A competition for young European filmmakers

EN BREF...

Concours pour jeunes réalisateurs européens

TO KNOW MORE...

In cooperation with the European Commission, the pan-European youth channel MTV runs a competition for young European filmmakers. They are invited to submit ideas for one-minute films on the theme of social and cultural identity: 'The European Eye'. The scheme is designed to celebrate the distinctly European sensibility in European cinema and offer an opportunity to Europe's next generation of film directors.

Film schools and art schools with film programmes are targeted and the scheme encourages experimentation. Students are invited to submit storyboards outlining their concept and, after a preselection by MTV, the remainder are judged by a panel of European film directors.

The ten winners, judged according to their creative approach, receive funding in order to produce their proposals. The winning productions are subsequently broadcast on MTV, both as 'specials' and as on-going one-minute clips during 1997 and 1998.

POUR EN SAVOIR PLUS...

En coopération avec la Commission européenne, la station paneuropéenne MTV lance un concours invitant les jeunes réalisateurs européens à proposer des scénarios pour un film d'une minute sur le thème de l'identité sociale et culturelle européenne. Rendant hommage à la sensibilité spécifique du cinéma européen, le concours veut encourager la nouvelle génération de réalisateurs européens.

Le projet s'adresse aux écoles cinématographiques et aux écoles des beaux-arts ayant une filière correspondante. Les participants sont libres de choisir le genre de film qu'ils souhaitent réaliser. Après présélection par MTV, un jury de réalisateurs européens détermine les lauréats.

Sélectionnés en fonction de leur approche créative, les dix lauréats gagnent le financement pour produire leurs scénarios. Les films ainsi produits sont diffusés par la suite sur MTV dans le cadre d'une émission spéciale et en tant que *clips* pendant la période 1997 - 1998.

COORDINATION | COORDINATION

MTV Europe
Howley Crescent • UK - NW1 8TT London • United Kingdom
☎ + 44 171 2847777 • FAX: + 44 171 2847788

THE PARTNERS | LES PARTENAIRES

Pirate Productions, London (United Kingdom)

SUBSIDY GRANTED | SUBVENTION ACCORDÉE

ECU 60 000

FORUM «LES NOUVELLES TECHNOLOGIES DE L'INFORMATION: OUTIL ET VECTEUR DE L'INFORMATION JEUNESSE EN EUROPE» (1994)

IN A FEW WORDS...

Conference on the use of new technologies in youth information

EN BREF...

Conférence sur l'utilisation de nouvelles technologies dans l'information jeunesse

TO KNOW MORE...

Lasting two days, this forum deals with the development of youth information and brings together the representatives of the member organisations of ERYICA, experts from the public sector, associations and the European institutions as well as professionals of telecommunication and information technologies.

About 200 participants from the European Union and from central and eastern Europe attend the forum.

The objective is to present the know-how and the operational capacities that youth information networks have in the sector of new technologies.

It is also an opportunity for professionals from the information sector to exchange points of view in the context of the current debate on the information highways.

On the programme of the forum are, for example, three workshops presenting 15 electronic applications and a debate on the risks and perspectives of youth information in multimedia.

POUR EN SAVOIR PLUS...

Portant sur le développement de l'information jeunesse, ce forum réunit, pendant deux jours, les délégués des organisations membres d'ERYICA, des responsables du secteur public, associatif ou communautaire ainsi que des professionnels en télécommunications et en technologies de l'information.

En tout, il s'agit d'environ 200 participants venant de l'Union européenne et de l'Europe centrale et orientale.

L'objectif du forum est de présenter les savoir-faire et les capacités d'intervention des réseaux information jeunesse en matière de nouvelles technologies.

L'occasion est également donnée de confronter les différents points de vue et permet de situer la réflexion dans le débat actuel sur les autoroutes de l'information.

Le programme du forum comporte notamment trois ateliers présentant quinze applications électroniques ainsi qu'une table ronde sur «L'information des jeunes en multimédia: enjeux et perspectives».

COORDINATION

COORDINATION

Centre d'Information et de Documentation Jeunesse - CIDJ
RESP.: Bernard Charbonnel
101, Quai Branly • F - 75740 Cedex 15 Paris • France
☎ + 33 144491320 • FAX: + 33 140650261 • E-mail: charbo@worldnet.net

THE PARTNERS

LES PARTENAIRES

European Youth Information and Counselling Agency - ERYICA, Paris (France)

SUBSIDY GRANTED

SUBVENTION ACCORDÉE

ECU 40 000

INFORMATION ET RECHERCHE SUR LA JEUNESSE, NOUVELLES APPROCHES, NOUVELLES STRATÉGIES: L'EXEMPLE EUROPÉEN (1995)

IN A FEW WORDS...

Seminar for research fellows, information professionals, youth programme coordinators and members of the network Infoyouth

EN BREF...

Séminaire pour chercheurs, professionnels de l'information, coordinateurs de programmes de jeunes et membres du réseau Info-jeunesse

TO KNOW MORE...

This seminar was organised on the initiative of the international network Infoyouth founded to exchange information and data on youth-related issues.

The meeting brings together researchers, information professionals, coordinators of youth programmes and representatives of the network Infoyouth.

Through speeches and round table discussions, the seminar examines the interaction between the media, youth research and youth policies. It also analyses the different approaches in the field of youth information and research.

The seminar also aims to make proposals concerning the use of new communication technology in youth work and international cooperation between youth organisations in order to improve the flow of information.

The speeches, discussions and conclusions are published afterwards.

POUR EN SAVOIR PLUS...

Ce séminaire est une initiative du réseau international Info-jeunesse qui poursuit l'objectif d'échanger des informations et des données sur les questions de la jeunesse.

La rencontre réunit des chercheurs, des professionnels de l'information, des coordinateurs de programmes de jeunes et des représentants du réseau Info-jeunesse.

À travers des exposés et des tables rondes, l'interaction entre médias, recherches et politiques dans le domaine de la jeunesse est analysée ainsi que les différentes approches dans l'information des jeunes et dans la recherche sur la jeunesse.

Le séminaire vise également à formuler des propositions concernant l'usage des nouvelles technologies de communication dans le domaine de la jeunesse et sur le plan de la coopération entre organisations de jeunesse, afin de permettre une meilleure circulation des informations.

Les exposés, discussions et conclusions du séminaire seront publiés ultérieurement.

COORDINATION

COORDINATION

Institut National de la Jeunesse et de l'Education Populaire - INJEP
RESP.: Marie-Paule Belmas
9-11, rue Paul Leplat • F - 78160 Marly-le-Roi • France
☎ + 33 1 39172738 • FAX: + 33 1 39172794
E-mail: belmas@injep.fr • info-jeunesse@unesco.org • Internet: http://www.injep.fr

THE PARTNERS

LES PARTENAIRES

Circle for Youth Research Cooperation in Europe - CYRCE, München (Deutschland)
Infoyouth/Info-jeunesse, Marly-le-Roi (France)
Commission française pour l'UNESCO, Paris (France)

SUBSIDY GRANTED

SUBVENTION ACCORDÉE

ECU 15 050

IN A FEW WORDS...

Production of an interactive multimedia CD-ROM on the development of the European Community

TO KNOW MORE...

This project aims to create an interactive multimedia CD-ROM explaining the history and functioning of the European Community. The target group is youngsters aged 17 upwards as well as the education and training sectors.

The evolution of the European Community is to be presented as basic information units, outlining the major steps of the European Community's history. From this main line, different branches give access to more detailed information.

As a first step, a prototype of the CD-ROM is tested, allowing for adaptation before it is disseminated on a wider scale through national education ministries, the European Association of Teachers and other organisations.

Developed in French, the CD-ROM is also available in German and English. Adaptation and translation into other languages is scheduled, as well as an on-line version.

As the project touches not only the youth information sector but also the field of education and technology research, it is supported jointly by the Directorates-General X - Information, Communication, Culture, and Audiovisual Media, XIII - Telecommunications, information markets and research and XXII - Education, Training and Youth of the European Commission.

EN BREF...

Production d'un CD-ROM multimédia interactif sur l'évolution de la Communauté européenne

POUR EN SAVOIR PLUS...

Ce projet vise à mettre au point un CD-ROM multimédia interactif expliquant l'histoire et le fonctionnement de la Communauté européenne et s'adressant aux jeunes de plus de 17 ans ainsi qu'au monde de l'éducation et de la formation.

L'évolution de la Communauté européenne est présentée à travers des éléments de base, dégageant les grandes lignes de l'histoire communautaire. À partir de l'écran d'accueil, l'utilisateur peut accéder à des informations plus détaillées.

Dans un premier temps, un prototype du CD-ROM est testé, permettant d'adapter la version définitive avant de la diffuser à grande échelle via les ministères nationaux de l'éducation, l'Association Européenne des Enseignants et autres organismes.

Réalisé en français, le CD-ROM est également disponible en allemand et en anglais. L'adaptation et la traduction dans d'autres langues sont envisagées ainsi qu'une version *on-line*.

Touchant l'information des jeunes ainsi que l'éducation et la recherche, ce projet bénéficie d'un soutien conjoint des directions générales X, «Information, communication, culture, audiovisuel», XIII «Télécommunications, marché de l'information et valorisation de la recherche» et XXII, «Éducation, formation et jeunesse», de la Commission européenne.

COORDINATION | COORDINATION

Centre d'Etudes et de Recherches Européennes Robert Schuman - CERERS
RESP.: Marianne Backes
4, rue Jules Wilhelm • L - 2728 Luxembourg . Luxembourg
☎ + 352 4782290/91 • FAX: + 352 422797/429061 • E-mail: marianne.backes@mediatel.lu

THE PARTNERS | LES PARTENAIRES

Centre de Recherche Public Henri Tudor - CRP-HT
Centre de Ressources Multimédia - CR-MM, Luxembourg (Luxembourg)
European Association of Teachers - Association Européenne des Enseignants
AEDE, Beek-Ubbergen (Nederland)

SUBSIDY GRANTED | SUBVENTION ACCORDÉE

ECU 30 000

IN A FEW WORDS...

Publication of a special edition of a magazine on Europe of the citizen

EN BREF...

Publication d'un numéro spécial d'un magazine consacré à l'Europe des citoyens

TO KNOW MORE...

The objective of this project is to publish a special edition of the European education magazine *Context*, focusing on Europe of the citizens and education in Europe.

Context is published in English and French and is distributed free of charge in cooperation with the European Teachers Association, the Association for Teacher Education in Europe, the European Secondary Heads Association and with the help of several Ministries of Education.

The magazine is distributed in EU Member States, EFTA countries and in almost all the countries of central and eastern Europe.

Context is intended as an 'information carrier' for anyone involved in education in all the European countries and for everyone interested in the introduction of a European dimension in education.

The special edition is focused on European citizenship after Maastricht, on the rights and liberties of citizens and on the youth programmes of the European Union. It also deals with other issues such as the harmonisation of qualifications.

POUR EN SAVOIR PLUS...

L'objectif de ce projet est de publier un numéro spécial du magazine européen de l'éducation *Context* sur l'Europe des citoyens et l'éducation en Europe.

Context est une publication bilingue (anglais/français) diffusée gratuitement en collaboration avec l'Association Européenne des Enseignants, l'Association pour la Formation des Enseignants en Europe, l'Association Européenne des Chefs d'Etablissements du Secondaire ainsi qu'avec l'aide de plusieurs ministères de l'éducation.

Le magazine est diffusé dans les pays de l'Union européenne, les pays de l'AELE, mais également dans presque tous les pays de l'Europe centrale et de l'Est.

Context se veut un porteur d'information pour tous ceux qui sont concernés par l'enseignement dans tous les pays d'Europe et par l'introduction de la dimension européenne dans l'enseignement.

Le numéro spécial porte sur la citoyenneté européenne après Maastricht, notamment sur les droits du citoyen et ses libertés. Les programmes de l'Union européenne en faveur des jeunes sont également présentés ainsi que d'autres sujets tels que l'harmonisation des diplômes.

COORDINATION

COORDINATION

Context
RESP.: Anton A. van Rooijen
Prins Bernhardlaan 36 • NL - 3941 EB Doorn • Nederland
FAX: + 31 3430 17114

THE PARTNERS

LES PARTENAIRES

Association Européenne des Enseignants - AEDE, Beek-Ubbergen (Nederland)
Association for Teacher Education in Europe - ATEE, Bruxelles (Belgique)
European Secondary Heads Association - ESHA, Genk (Belgique)

SUBSIDY GRANTED

SUBVENTION ACCORDÉE

ECU 50 000

IN A FEW WORDS...

Supporting two actions in the framework of the campaign 'All different - all equal'

EN BREF...

Soutien de deux actions menées dans le cadre de la campagne «Tous différent - tous égaux»

TO KNOW MORE...

The campaign 'All different - all equal' is part of an action plan decided by the Heads of State and Governments of the Council of Europe.

The youth sector of the Directorate-General 'Information, Communication, Culture, and Audio-visual Media' of the European Commission supports two actions which are elements of this campaign.

One of these actions is the multicultural meeting 'Moussem' which took place in June 1995, consisting of a week of activities followed by a festival weekend.

During the week of activities, meetings are organised in four big cities of the Netherlands. Through debates, films and other artistic forms of expression, the meetings focus on the situation of migrants in Dutch society.

At the festival weekend, activities for children are organised as well as artistic workshops, a multicultural market, sports activities and debates.

The second action supported by the youth sector concerns the production of information material (diskettes, posters, press kits, brochures, etc.) in several languages.

POUR EN SAVOIR PLUS...

La campagne «Tous différents - tous égaux» fait partie d'un plan d'action décidé par les chefs d'État ou de gouvernement du Conseil de l'Europe.

Le secteur «Jeunes» de la direction générale «Information, communication, culture, audiovisuel» de la Commission européenne soutient deux actions menées dans le cadre de cette campagne.

D'une part, il s'agit de la rencontre multiculturelle «Moussem» qui a eu lieu en juin 1995 et qui a consisté en une semaine d'activités suivie d'un week-end de festival.

La semaine d'activités a compris des rencontres organisées dans quatre grandes villes des Pays-Bas. À travers des débats, des films et d'autres formes d'expression artistique, ces rencontres ont abordé la situation des migrants dans la société néerlandaise.

Lors du week-end de festival, des activités pour enfants ont été proposées ainsi que des ateliers artistiques, un marché multiculturel, des activités sportives et des débats.

D'autre part, le soutien du secteur «Jeunes» concerne aussi la production de matériel d'information (disquettes, affiches, *press kits*, dépliants, etc.) en plusieurs langues.

COORDINATION / COORDINATION

Conseil de l'Europe • Direction des Droits de l'Homme • Section Racisme - Intolérance
RESP.: Isabelle Jacques
F - 67075 Strasbourg • France
☎ + 33 3 88412964 • FAX: + 33 3 88413887
E-mail: webmaster@www.ecri.coe.fr • Internet: www.ecri.coe.fr

THE PARTNERS / LES PARTENAIRES

National Campaign Comittees in most of the 42 signatory states of the Council of Europe's Cultural Convention
Des comités de campagnes nationales dans la plupart des quarante-deux États signataires de la convention culturelle du Conseil de l'Europe.

SUBSIDY GRANTED / SUBVENTION ACCORDÉE

ECU 100 000

VERSTÄNDNIS DURCH INFORMATION - GEGEN RASSISMUS UND AUSLÄNDERFEINDLICHKEIT (1997)

IN A FEW WORDS...

Seminar for journalists from youth media against racism and xenophobia

TO KNOW MORE...

Entitled 'Understanding through information - against racism and xenophobia', this three-day seminar brings together 35 youth media journalists from all over Europe.

The programme starts with a speech given by a European Commission official about racism being a European problem, followed by a discussion on racism in Germany.

The seminar focuses on the reasons why young people are affected by racism, and how the media deal with this problem. Media initiatives against xenophobia from Germany, the Netherlands, France, United Kingdom and Spain are also presented.

The theoretical approach is combined with visits to local anti-racism projects in Bonn and Cologne.

Another element of the seminar are workshops focusing on different themes: the possibilities and the limits of reaching young people through youth media, the development of youth media campaigns against racism and xenophobia and, finally, language as a tool in the fight against racism.

EN BREF...

Séminaire pour les journalistes des médias jeunes luttant contre le racisme et la xénophobie

POUR EN SAVOIR PLUS...

Portant le titre «L'information au service de la compréhension - Contre le racisme et la xénophobie», ce séminaire de trois jours réunit 35 journalistes des médias jeunes venant de toute l'Europe.

Le programme comprend l'intervention d'un représentant de la Commission européenne sur le racisme en tant que problème européen ainsi qu'une discussion sur la situation en Allemagne.

Le séminaire porte également sur les origines du racisme chez les jeunes et sur l'attitude des médias face à ce problème. Il fait état des initiatives antiracistes des médias en Allemagne, aux Pays Bas, en France, au Royaume-Uni et en Espagne.

L'approche théorique du séminaire est complétée par la visite sur place de projets antiracistes locaux à Bonn et Cologne.

Dans le cadre du séminaire, des ateliers sont également organisés sur différents thèmes: les possibilités et les limites pour atteindre les jeunes via les médias jeunes, le développement d'une campagne antiraciste pour les médias jeunes ainsi que le rôle du langage dans la lutte contre le racisme.

COORDINATION

COORDINATION

Jugendpresseclub e.V. - JPC
RESP.: Monika Bürvenich
Lennéstr. 42 • D - 53113 Bonn • Deutschland
☎ + 49 228 217786 • FAX: + 49 228 213984 • E-mail: JPCBonn@aol.com

THE PARTNERS

LES PARTENAIRES

Finnish Youth Cooperation ALLIANSSI, Helsinki (Finland)
Associação Portuguesa de Jovens Journalistas - APJJ, Lisboa (Portugal)

SUBSIDY GRANTED

SUBVENTION ACCORDÉE

ECU 12 650

EUROPEAN MULTICULTURAL MEDIA AGENCY INITIATIVE - THE EMMA INITIATIVE (1997)

IN A FEW WORDS...

Organisation of a competition for young people active in the media and engaged in the fight against racism

EN BREF...

Organisation d'un concours pour les jeunes actifs dans le domaine des médias et luttant contre le racisme

TO KNOW MORE...

The long-term objective of this initiative is to set up a European multicultural media agency in order to develop and promote documentary TV projects concerned with multiculturalism and inter-cultural dialogue in Europe.

To launch the initiative, a European competition is organised for young people aged between 17 and 25 years who are already engaged in media studies or work and who are committed to the fight against racism.

They are invited to submit proposals for a 30 minute TV documentary dealing with anti-racism in a positive way and promoting cultural diversity.

The best 30 documentary proposals receive a special certificate and are put before the production departments of the broadcasters participating in the project. Four proposals are then selected for production and broadcast by European broadcasters.

The project also includes the production and dissemination of an educational package for schools and educational TV stations.

The project is co-funded jointly by three Directorates-General of the European Commission: DG V - Employment, industrial relations and social affairs, DG X - Information, Communication, Culture and Audiovisual Media and DG XXII - Education, training and youth.

POUR EN SAVOIR PLUS...

L'objectif à long terme de cette initiative est de créer une Agence européenne multiculturelle des médias afin de développer et de promouvoir des projets de documentaires portant sur le dialogue interculturel en Europe.

Pour démarrer cette initiative, un concours européen est organisé pour les jeunes de 17 à 25 ans, travaillant ou étudiant dans le domaine des médias et engagés dans la lutte contre le racisme.

Ils sont invités à élaborer des propositions pour des documentaires télévisés portant sur la lutte contre le racisme et la diversité culturelle.

Les trente meilleures propositions reçoivent une mention et sont présentées aux responsables de production des chaînes qui participent au projet. Parmi ces propositions, quatre sont sélectionnées pour être produites et diffusées par des chaînes européennes.

Le projet comprend également la production et la diffusion d'un dossier éducatif destiné aux écoles et aux chaînes de télévision éducatives.

Le projet est cofinancé par trois directions générales de la Commission européenne: la DG V, «Emploi, relations industrielles et affaires sociales», la DG X «Information, communication, culture, audiovisuel» et la DG XXII, «Éducation, formation et jeunesse».

COORDINATION

COORDINATION

International Broadcasting Trust
RESP.: Paddy Coulter, Marion Vargaftig
2, Ferdinand Place • UK - NW1 8EE London • United Kingdom
☎ + 44 171 4822847 • FAX: + 44 171 2843374 • E-mail: ibt@gn.apc.org

THE PARTNERS

LES PARTENAIRES

A large variety of partners in the audiovisual sector, the youth sector and from the anti-racism movement / De nombreux partenaires dans les secteurs de l'audiovisuel, de la jeunesse et du mouvement antiraciste.

SUBSIDY GRANTED

SUBVENTION ACCORDÉE

ECU 35 000

18TH WORLD JAMBOREE: FUTURE IS NOW (1995)

IN A FEW WORDS...

Two activities taking place in the framework of a Scout meeting for more than 30 000 young people from 120 countries

EN BREF...

Deux actions réalisées dans le cadre d'un rassemblement de plus de 30 000 jeunes scouts de 120 pays

TO KNOW MORE...

Every four years, the World Movement of Scouts organises a world meeting called a 'Jamboree'.

The 18th World Jamboree brings together more than 30 000 young people, amongst them around 20 000 from European countries and 1 000 from central and eastern Europe.

Two particular activities are organised in the framework of this meeting and are supported by the European Commission: 'Tours' and 'Home Hospitality'.

'Tours' involves more than 9 000 young people in educational trips throughout the Netherlands. The activity is designed to raise young people's awareness of issues such as the protection of nature, local democracy and cultural heritage. It also aims to show them how these issues are dealt with in EU policies.

The project 'Home hospitality' allows more than 12 000 participants at the Jamboree to spend four days with a guest family.

Allowing young people to experience the normal way of life of a European family, 'Home hospitality' is also designed to increase their knowledge of the country concerned, its population and culture.

POUR EN SAVOIR PLUS...

Tous les quatre ans, le Mouvement Mondial des Scouts organise un rassemblement mondial «Jamboree».

Le dix-huitième Jamboree mondial rassemble plus de 30 000 jeunes, dont environ 20 000 des pays européens et 1 000 des pays de l'Europe centrale et de l'Est.

Dans le cadre de ce rassemblement, sont menées les actions «Tours» et «Home Hospitality» qui sont soutenues par la Commission européenne.

«Tours» consiste à faire participer plus de 9 000 jeunes à des voyages éducatifs à travers les Pays-Bas. Cette action veut sensibiliser les jeunes à des thèmes tels que la défense de la nature, la démocratie locale, le patrimoine culturel, et leur montrer comment ces thèmes s'inscrivent dans les politiques communautaires.

L'action «Home hospitality» consiste à organiser, pour environ 12 000 participants du Jamboree, un séjour de quatre jours dans une famille d'accueil.

L'objectif de «Home Hospitality» est de familiariser les jeunes avec le mode de vie quotidien d'une famille européenne, de leur apporter des informations sur le pays d'accueil, sa population et sa culture.

COORDINATION / COORDINATION

Foundation 18th World Jamboree 1995
RESP.: Johan Peter Van Ark
P.O. Box 210 • NL - 3830 AE Leusden • Nederland
☎ + 31 33 4960911 • FAX: + 31 33 4960222
E-mail: post@lb.scouting.nl • Internet: http://www.scouting.nl

THE PARTNERS / LES PARTENAIRES

World Organisation of the Scout Movement / Organisation Mondiale du Mouvement Scout
The municipality of / La ville de: Dronten (Nederland)
The province of / La province de: Flevoland (Nederland)
The Ministry of Health, Welfare and Sport
Le ministère de la santé, des affaires sociales et du sport (Nederland)

SUBSIDY GRANTED / SUBVENTION ACCORDÉE

ECU 25 000

WE ARE THE ADULTS OF TOMORROW (1995)

IN A FEW WORDS...

Production of a video on a children's festival

TO KNOW MORE...

The objective of this project is to produce a video film presenting the International Peace Festival for Children.

This festival is organised in the framework of the 1994 Olympic Winter Games in Lillehammer, Norway, and brings together 86 youngsters from 30 countries.

The main ideas of the festival are to focus on the Olympic ideal of contacts and friendship across borders as a contribution to world peace and to give children the opportunity to express their views, their visions and their problems to political leaders.

For one week, the youngsters participate in workshops where they present their views, the situation and the problems in their countries to each other.

On the last day, the results are presented through a creative performance and a conference.

Entitled 'We are the adults of tomorrow', the video is distributed through the network of Voice of the Children, UNESCO, Rotary International and the Lillehammer Olympic Organising Committee. It can be used by schools and TV stations all over the world.

EN BREF...

Production d'une vidéo sur un festival pour enfants

POUR EN SAVOIR PLUS...

Le but de ce projet est de produire une vidéo sur le Festival International des Enfants pour la Paix.

Ce festival est organisé dans le cadre des jeux Olympiques d'hiver de 1994 à Lillehammer, en Norvège. Il rassemble 86 enfants venant de 30 pays.

Fidèle à l'idéal Olympique, le festival veut promouvoir les contacts et l'amitié au-delà des frontières comme contribution à la paix mondiale. Son objectif est également de donner aux enfants l'occasion d'exprimer leurs points de vue, leurs visions et leurs problèmes face aux hommes politiques.

Pendant une semaine, des ateliers permettent aux jeunes d'échanger leurs points de vue et de s'informer mutuellement sur la situation et les problèmes dans leurs pays.

Un spectacle créatif et une conférence sont organisés le dernier jour afin de présenter les résultats.

Intitulée «Nous sommes les adultes de demain», la vidéo est distribuée à travers le réseau Voix des Enfants, l'UNESCO, le Rotary international et le Comité Olympique de Lillehammer. Elle peut être utilisée par des écoles et des stations de télévision à travers le monde.

COORDINATION / COORDINATION

Voice of the Children - International Campaign
RESP.: Kristin Eskeland
Northern Secretariat • Norwegian People's Aid • P.O. Box 8844 • N - 0028 Oslo • Norway/Norvège

THE PARTNERS / LES PARTENAIRES

Nansenskolen Humanistic Academy, (Norway/Norvège)
Norwegian Commission for UNESCO, Oslo (Norway/Norvège)
The City of / la ville de: Lillehammer (Norway/Norvège)
Lillehammer Olympic Organising Committee, Lillehammer (Norway/Norvège)

SUBSIDY GRANTED / SUBVENTION ACCORDÉE

ECU 5 000

IN A FEW WORDS...

Annual international children's meetings

EN BREF...

Des rencontres annuelles internationales d'enfants

TO KNOW MORE...

'Children's summits' are international events organised every year since 1994 at Disneyland near Paris.

Several hundred children, aged 8 to 12 years old, from all across Europe and the world participate each year in this event.

The summits provide children with the chance to discover something new about their world and their own responsibility towards it. Working and playing together at the summits, children from all over the world also prove that cross-cultural understanding is possible despite differences of race, culture and language.

Each summit is dedicated to a specific theme which the children explore through workshops and other activities assisted by numerous youth workers and teachers.

The 1995 summit, for example, was focused on the environment and in 1996 explored the world of communication. The summit organised in 1997 dealt with the issue of society.

The 'Information actions for young people' service within the European Commission not only supports the summits financially (ECU 50 000 in 1995 and 1996, ECU 70 000 in 1997) but also provides the participants with information material on the activities and objectives of the European institutions.

POUR EN SAVOIR PLUS...

Les sommets des enfants sont des manifestations internationales organisées annuellement, depuis 1994, au parc Disneyland, près de Paris.

Des centaines d'enfants de 8 à 12 ans venant de nombreux pays d'Europe et d'ailleurs participent à cet événement chaque année.

Les sommets font découvrir aux enfants la richesse de ce monde qui est le leur et les sensibilisent à leurs responsabilités face à lui. Travaillant et jouant ensemble pendant ces rencontres, les enfants venus du monde entier montrent en plus aux adultes que, malgré les différences de race, de culture et de langue, l'entente est possible entre les hommes.

Chaque sommet est consacré à un thème spécifique que les enfants explorent dans le cadre d'ateliers et d'autres activités réalisées avec l'aide de nombreux animateurs et enseignant(e)s.

Ainsi, le sommet de 1995 avait pour thème l'environnement et celui de 1996, la communication. Le sommet organisé en 1997 portait sur la société.

Le soutien apporté aux sommets des enfants par le service «Information du Public Jeunes» de la Commission européenne ne se limite pas aux contributions financières (50 000 écus en 1995 et en 1996 et 70 000 écus en 1997), mais comprend également la mise à disposition des enfants de matériel d'information sur les activités et les objectifs des institutions communautaires.

COORDINATION

COORDINATION

Disney Consumer Products S.A.
RESP.: Jennifer Campbell
50, avenue Montaigne • F - 75008 Paris • France
☎ + 33 1 53755229 • FAX: + 33 1 53755051

THE PARTNERS

LES PARTENAIRES

UNESCO, Paris (France)

SUBSIDY GRANTED

SUBVENTION ACCORDÉE

ECU 170 000

IN A FEW WORDS...

Seminar on the Intergovernmental Conference 1996

EN BREF...

Séminaire sur la Conférence intergouvernementale de 1996

TO KNOW MORE...

This project brings together young people from all EU Member States for a week long seminar about the Intergovernmental Conference of 1996.

The seminar takes place in Amsterdam, the Hague and Brussels.

On the programme is a visit to the European Commission where the participants meet officials to discuss issues such as asylum law in the EU, economic and monetary union and the role of the IGC in the process of enlargement.

A visit to the headquarters of NATO is also organised, with briefings on NATO's political agenda, its relationship with the West European Union, with eastern Europe and Russia and its role in Bosnia.

The part of the seminar taking place in the Netherlands deals with the question 'IGC 1996: Regeneration or degeneration?'. Finally, the participants get the real IGC-feeling by playing a one-day simulation game in which they represent their country in the Council of Ministers.

POUR EN SAVOIR PLUS...

Pendant une semaine, ce projet rassemble des jeunes venant de tous les États membres de l'UE pour un séminaire sur la Conférence intergouvernementale de 1996.

Le séminaire se déroule à Amsterdam, à La Haye et à Bruxelles.

Le programme comprend une visite à la Commission européenne, au cours de laquelle les participants discutent avec des fonctionnaires sur des thèmes tels que le droit d'asile en Europe, l'Union économique et monétaire et le rôle de la CIG face à l'élargissement.

Une visite au siège général de l'OTAN est également organisée, comprenant des discussions sur les priorités politiques de l'OTAN, sur sa relation avec l'Union européenne de l'Ouest, l'Europe de l'Est et la Russie ainsi que sur son rôle en Bosnie.

La partie du séminaire qui se déroule aux Pays-Bas est consacrée à la question «CIG 1996: régénération ou dégénérescence?». Finalement, les participants se mettent dans l'ambiance de la CIG en jouant, pendant une journée, un jeu de simulation où ils représentent leur pays au sein du Conseil de ministres.

COORDINATION — COORDINATION

Stichting Jong Atlantisch Samenwerkings Orgaan Nederland - JASON
RESP.: Pia L. Snijder
Laan van Meerdervoort 96 • NL - 2517 AR Den Haag • Nederland
☎ + 31 70 3602658 • FAX: + 31 70 3633285

THE PARTNERS — LES PARTENAIRES

Dutch Atlantic Commission, (Nederland)
Dutch United Nations Student Association, (Nederland)
YES-Denmark, (Danmark)
Club Atlantico di Roma, Roma (Italia)

SUBSIDY GRANTED — SUBVENTION ACCORDÉE

ECU 15 000

A

B

C

D

E

F

G

BELGIQUE / BELGIË / BELGIEN

Bruxelles

Charleroi

Leuven

Namur

Overijse

DEUTSCHLAND

Bad Honnef

Berlin

Bonn

A

B

C

D

E

F

T

U

V

Y

A

B

C

D

E

F

G

H

I

O

P

R

S

T

U

V

W

Y

O

P

Q

R

S

T

U

INDEX DES MOTS CLÉS

REPLY COUPON

Yes, I would like to reccive the call for proposals of the next edition of the information action plan aimed at young people.

Forename ....

Surname ....

Organisation ....

Function ....

Street ....

No. ....

Postal code ....

City ....

Country ....

Telephone ....

Fax ....

E-mail ....

Internet ....

Please indicate the language you want to be informed in:

First choice : ....

Second choice : ....

Third choice : ....

PLEASE RETURN COUPON BY LETTER OR FAX OR SEND AN E-MAIL TO:

European Commission
Directorate - General X
Unit A/5
Rue de la Loi 200
B-1049 Brussels
Fax (+32-2) 299 92 02
E-mail: Libouton@dg10.cec.be

COUPON RÉPONSE

Oui, je souhaite recevoir l'appel à propositions pour la prochaine édition de l'Action d'Information Public Jeunes.

Prénom ....

Nom ....

Organisation ....

Fonction ....

Rue ....

N° ....

Code postal ....

Ville ....

Pays ....

Téléphone ....

Télécopie ....

Courrier électronique ....

Internet ....

Veuillez indiquer la langue dans laquelle vous souhaitez recevoir les informations:

Première priorité : ....

Seconde priorité : ....

Troisième priorité : ....

VEUILLEZ RENVOYER LE COUPON PAR LETTRE OU TÉLÉCOPIE OU ENVOYEZ UN MESSAGE PAR COURRIER ÉLECTRONIQUE À:

Commission européenne
Direction générale X
Unité A/5
Rue de la Loi 200
B-1049 Bruxelles
Fax (+32-2) 299 92 02
E-mail: Libouton@dg10.cec.be

European Commission

INFORMING YOUNG PEOPLE ABOUT EUROPE
PROJECTS 1994 - 97

Luxembourg: Office for Official Publications
of the European Communities

1998 — 189 pp. — 16.2 x 22.9 cm

ISBN 92-828-3046-2

Commission européenne

INFORMER LES JEUNES SUR L'EUROPE
PROJETS 1994 - 97

Luxembourg: Office des publications officielles
des Communautés européennes

1998 — 189 p. — 16,2 x 22,9 cm

ISBN 92-828-3046-2

BELGIQUE/BELGIË

Rue Archimède 73/Archimedesstraat 73
B-1000 Bruxelles/Brussel
Tél. (32-2) 295 38 44
Fax (32-2) 295 01 66

DANMARK

Højbrohus
Østergade 61
Postboks 144
DK-1004 København K
Tlf. (45) 33 14 41 40
Fax (45) 33 11 12 03, 33 14 13 92 (sekretariat)
(45) 33 14 14 47 (dokumentation)

DEUTSCHLAND

Zitelmannstraße 22
Postfach 53106
D-53113 Bonn
Tel. (49-228) 530 09-0
Fax (49-228) 530 09-50/12

Kurfürstendamm 102
D-10711 Berlin
Tel. (49-30) 896 09 30
Fax (49-30) 892 20 59

Erhardtstraße 27
D-80331 München
Tel. (49-89) 202 10 11
Fax (49-89) 202 10 15

ΕΛΛΑΔΑ/GREECE

Βασιλίσσης Σοφίας 2/Vassilissis Sofias 2
GR-10674 Αθήνα/Athina
Tel. (30-1) 725 10 00
Fax (30-1) 724 46 20

ESPAÑA

Paseo de la Castellana, 46
E-28046 Madrid
Tel. (34) 914 31 57 11
Fax (34) 915 76 03 87, 915 77 29 23

Av. Diagonal, 407 *bis*, 18ª
E-08008 Barcelona
Tel. (34) 934 15 81 77 (5 líneas)
Fax (34) 934 15 63 11

FRANCE

288, boulevard Saint-Germain
F-75007 Paris
Tél. (33) 140 63 38 00
Fax (33) 145 56 94 17/18/19

CMCI
2, rue Henri-Barbusse
F-13241 Marseille Cedex 01
Tél. (33) 491 91 46 00
Fax (33) 491 90 98 07

IRELAND

Jean Monnet Centre
18 Dawson Street
Dublin 2
Tel. (353-1) 662 51 13
Fax (353-1) 662 51 18

ITALIA

Via Poli, 29
I-00187 Roma
Tel. (39-6) 69 99 91
Fax (39-6) 679 16 58, 679 36 52

Corso Magenta, 59
I-20123 Milano
Tel. (39-2) 467 51 41
Fax (39-2) 481 85 43

LUXEMBOURG

Bâtiment Jean Monnet
Rue Alcide De Gasperi
L-2920 Luxembourg
Tél. (352) 43 01-1
Fax (352) 43 01-34433

NEDERLAND

Korte Vijverberg 5
2513 AB Den Haag
Postbus 30465
2500 GL Den Haag
Tel. (31-70) 346 93 26
Fax (31-70) 364 66 19

ÖSTERREICH

Kärntnerring 5-7
A-1010 Wien
Tel. (43-1) 516 18-0
Fax (43-1) 513 42 25

PORTUGAL

Centro Europeu Jean Monnet
Largo Jean Monnet, 1-10.º
P-1250 Lisboa
Tel. (351-1) 350 98 00
Fax (351-1) 350 98 01/02/03

SUOMI/FINLAND

Pohjoisesplanadi 31/Norra esplanaden 31
FIN-00100 Helsinki/Helsingfors
P./tfn (358-9) 622 65 44
F./fax (358-9) 65 67 28 (lehdistö ja tiedotus/press och information), 62 68 71 (keskus/växel), 62 26 54 78 (hallinto/administration)

SVERIGE

Nybrogatan 11, 3 tr
Box 7323
S-103 90 Stockholm
Tfn (46-8) 56 24 44 11
Fax (46-8) 56 24 44 12

UNITED KINGDOM

Jean Monnet House
8 Storey's Gate
London SW1P 3AT
Tel. (44-171) 973 19 92
Fax (44-171) 973 19 00 (reception),
973 19 10 (policy and coordination),
973 18 95 (administration), 973 19 07 (media)

Windsor House
9/15 Bedford Street
Belfast BT2 7EG
Tel. (44-1232) 24 07 08
Fax (44-1232) 24 82 41

4 Cathedral Road
Cardiff CF1 9SG
Tel. (44-1222) 37 16 31
Fax (44-1222) 39 54 89

9 Alva Street
Edinburgh EH2 4PH
Tel. (44-131) 225 20 58
Fax (44-131) 226 41 05

UNITED STATES OF AMERICA

2300 M Street, 3rd floor, NW
Washington, DC 20037
Tel. (1-202) 862 95 00/01/02
Fax (1-202) 429 17 66

3 Dag Hammarskjöld Plaza
305 East 47th Street
New York, NY 10017
Tel. (1-212) 371 38 04
Fax (1-212) 758 27 18 (delegation),
688 10 13 (press and public affairs)

JAPAN

Europa House
9-15 Sanbancho
Chiyoda-Ku
Tokyo 102
Tel. (81-3) 32 39 04 41, 32 39 04 61 (direct line, head of press and information)
Fax (81-3) 32 61 51 94, 32 39 93 37

EUROPEAN PARLIAMENT'S OFFICES

BUREAUX DU PARLEMENT EUROPÉEN

Belgique/ België
Rue Belliard 97-113/Belliardstraat 97-113
B-1047 Bruxelles/B-1047 Brussel
Tél. (32-2) 284 20 05
Fax (32-2) 230 75 55

Danmark
Christian IX's Gade 2,2
DK-1111 København K
Tlf. (45) 33 14 33 77
Fax (45) 33 15 08 05

Deutschland
Bonn-Center
Bundeskanzlerplatz
D-53113 Bonn 1
Tel. (49-228) 91 43 00
Fax (49-228) 21 89 55

Außenstelle Berlin
Kurfürstendamm 102
D-10711 Berlin
Tel. (49-30) 893 01 22
Fax (49-30) 892 17 33

Ελλάδα/Greece
Λεωφόρος Αμαλίας 8/Leoforos Amalias 8
GR-10557 Αθήνα/Athina
Τηλ./Tel. (30-1) 331 15 41-47
Φαξ/Fax (30-1) 331 15 40

España
Paseo de la Castellana, 46
E-28046 Madrid
Tel. (34) 914 36 47 47
Fax (34) 915 78 31 71

France
288, boulevard Saint-Germain
F-75341 Paris Cedex 07
Tél. (33) 140 63 40 00
Fax (33) 145 51 52 53

Antenne de Strasbourg
BP 1024 F
F-67070 Strasbourg Cedex
Tél. (33) 388 17 40 01
Fax (33) 388 17 51 84

Ireland
18 Dawson Street
Dublin 2
Ireland
Tel. (353-1) 662 51 13
Fax (353-1) 605 79 99

Italia
Via IV Novembre, 149
I-00187 Roma
Tel. (39-6) 69 95 01
Fax (39-6) 69 95 02 00

Luxembourg
Bâtiment Robert Schuman
Place de l'Europe
L-2929 Luxembourg
Tél. (352) 43 00-2597
Fax (352) 43 00-2457

Nederland
Korte Vijverberg 6
2513 AB Den Haag
Nederland
Tel. (31-70) 362 49 41
Fax (31-70) 364 70 01

Österreich
Kärntnerring 5-7
A-1010 Wien
Tel. (43-1) 51 61 80
Fax (43-1) 513 25 15

Portugal
Centro Europeu Jean Monnet
Largo Jean Monnet, 1-6.°
P-1250 Lisboa
Tel. (351-1) 357 80 31, 357 82 98
Fax (351-1) 354 00 04

Suomi/Finland
Pohjoisesplanadi 31/Norra Esplanaden 31
FIN-00100 Helsinki/Helsingfors
P./tfn (358-9) 622 04 50
F./fax (358-9) 622 26 10

Sverige
Nybrogatan 11, 3 tr
S-114 39 Stockholm
Tfn (46-8) 56 24 44 55
Fax (46-8) 56 24 44 99

United Kingdom
2 Queen Anne's Gate
London SW1H 9AA
United Kingdom
Tel. (44-171) 227 43 00
Fax (44-171) 227 43 02